新质生产力

高质量发展的新引擎

王立胜 等 著

图书在版编目（CIP）数据

新质生产力：高质量发展的新引擎 / 王立胜等著. —北京：中国民主法制出版社，2024.5
ISBN 978-7-5162-3635-2

Ⅰ.①新… Ⅱ.①王… Ⅲ.①生产力—发展—研究—中国 Ⅳ.①F120.2

中国国家版本馆CIP数据核字（2024）第090471号

图书出品人：刘海涛
出版统筹：石　松
责任编辑：张佳彬　姜　华

书　　名/新质生产力：高质量发展的新引擎
作　　者/王立胜　等著
出版·发行/中国民主法制出版社
地址/北京市丰台区右安门外玉林里7号（100069）
电话/（010）63055259（总编室）　63058068　63057714（营销中心）
传真/（010）63055259
http：//www.npcpub.com
E-mail：mzfz@npcpub.com
经销/新华书店
开本/16开　690mm×980mm
印张/13.5　字数/150千字
版本/2024年6月第1版　2024年6月第1次印刷
印刷/北京中科印刷有限公司

书号/ISBN 978-7-5162-3635-2
定价/48.00元
出版声明/版权所有，侵权必究。

（如有缺页或倒装，本社负责退换）

目 录

绪 论 / 1

第一章 应时而生：新质生产力是什么？

第一节 新质生产力的提出 / 003

第二节 新质生产力推动高质量发展 / 012

第三节 新质生产力如何推动、支持高质量发展 / 021

第二章 时代要求：为何提出新质生产力？

第一节 生产力发展的历史经验总结 / 031

第二节 发展新质生产力应对现实境遇 / 040

第三节 发展新质生产力顺应国际历史趋势 / 045

第三章 理论渊源：新质生产力源自哪里？

第一节 理论逻辑：新质生产力是对马克思主义生产力理论的传承和发展 / 059

第二节 历史逻辑：新质生产力是21世纪人类物质文明的最新涌现 / 070

第三节 实践逻辑：新质生产力是中国共产党人发展生产力的战略导向 / 075

第四章　理论内涵：新质生产力新在何处？

第一节 科技创新所推动的生产要素质变 / 087

第二节 高质量发展的新历史方位和新路径选择 / 098

第三节 21 世纪涌现出的新兴产业和未来产业 / 103

第五章　实践要求：新质生产力路在何方？

第一节 聚焦先进生产力加强科技创新 / 111

第二节 围绕发展新质生产力布局产业链 / 119

第三节 走生态优先、绿色发展之路 / 133

第四节 形成适应新质生产力的新型生产关系 / 142

第五节 畅通教育、科技、人才的良性循环 / 154

第六节 因地制宜发展新质生产力 / 164

第六章　国际视野：新质生产力有何意义？

第一节 驱动经济内涵式发展 / 169

第二节 确证实体生产的优先性 / 175

第三节 彰显人民至上的价值优势 / 182

第四节 塑造百年变局下的科技文明创新 / 186

后　记 / 197

绪　论

新质生产力助推中国式现代化

党的二十大报告指出："从现在起，中国共产党的中心任务就是团结带领全国各族人民全面建成社会主义现代化强国、实现第二个百年奋斗目标，以中国式现代化全面推进中华民族伟大复兴。"这是对时代发出的宣言，也是对全党全国各族人民发出的动员令。中国式现代化是人口规模巨大、全体人民共同富裕、物质文明和精神文明相协调、人与自然和谐共生、走和平发展道路的现代化。应当看到，新时代新征程，我们实现中国式现代化各个方面的条件基本上已具备，但现有生产力对于实现这个宏伟的目标尚有不小的差距。而要加快实现中国式现代化，必须在生产力的提升上下功夫，也就是要加快发展新质生产力。

一、新质生产力的提出恰逢其时

任何一种理论都有其所属的时代，任何一种理论都不是僵化的、一成不变的，而是在新的实践基础上不断丰富完善的。党的

新质生产力：高质量发展的新引擎

十八大以来，习近平总书记在准确把握时刻变化的国际环境和国内形势的基础上，植根中国实践，不断推动马克思主义生产力理论的中国化时代化，针对我国经济发展的现状，创造性提出新质生产力概念，要求"加快形成新质生产力""发展新质生产力"。

自 2023 年 9 月 7 日至 2024 年 2 月，习近平总书记多次围绕新质生产力展开论述。他强调："积极培育新能源、新材料、先进制造、电子信息等战略性新兴产业，积极培育未来产业，加快形成新质生产力，增强发展新动能。"[①]"要以科技创新推动产业创新，特别是以颠覆性技术和前沿技术催生新产业、新模式、新动能，发展新质生产力。"[②]"高质量发展需要新的生产力理论来指导，而新质生产力已经在实践中形成并展示出对高质量发展的强劲推动力、支撑力，需要我们从理论上进行总结、概括，用以指导新的发展实践。"[③]"新质生产力是创新起主导作用，摆脱传统经济增长方式、生产力发展路径，具有高科技、高效能、高质量特征，符合新发展理念的先进生产力质态。它由技术革命性突破、生产要素创新性配置、产业深度转型升级而催生，以劳动者、劳动资料、劳动对象及其优化组合的跃升为基本内涵，以全要素生产率大幅提升为核心标志，特点是创新，关键在质优，本质是先进生产力。"[④]"发展新质生产力，必须进一步全面深化改革，形成与之相适应的新型生产关

[①]《习近平主持召开新时代推动东北全面振兴座谈会强调 牢牢把握东北的重要使命 奋力谱写东北全面振兴新篇章》，《人民日报》2023 年 9 月 10 日。
[②]《中央经济工作会议在北京举行 习近平发表重要讲话 李强作总结讲话 赵乐际王沪宁蔡奇丁薛祥李希出席会议》，《人民日报》2023 年 12 月 13 日。
[③]《习近平在中共中央政治局第十一次集体学习时强调 加快发展新质生产力 扎实推进高质量发展》，《人民日报》2024 年 2 月 2 日。
[④]《习近平在中共中央政治局第十一次集体学习时强调 加快发展新质生产力 扎实推进高质量发展》，《人民日报》2024 年 2 月 2 日。

系。要深化经济体制、科技体制等改革，着力打通束缚新质生产力发展的堵点卡点，建立高标准市场体系，创新生产要素配置方式，让各类先进优质生产要素向发展新质生产力顺畅流动。同时，要扩大高水平对外开放，为发展新质生产力营造良好国际环境。""要按照发展新质生产力要求，畅通教育、科技、人才的良性循环，完善人才培养、引进、使用、合理流动的工作机制。"①等等。习近平总书记的上述论述指明了新质生产力的特征、基本内涵、核心标志、特点、关键、本质等基本理论问题，为我们准确把握新质生产力的科学内涵提供了根本遵循，为我们理解新质生产力的发展方式提供了系统性的认识。同时，也指出了新质生产力与科技创新、高质量发展之间有着紧密的联系。

在2024年3月初召开的全国两会上，习近平总书记对新质生产力进行了新的论述，使之迅速成为社会各界关注的话题。3月5日，习近平总书记在参加十四届全国人大二次会议江苏代表团审议时强调："要牢牢把握高质量发展这个首要任务，因地制宜发展新质生产力。面对新一轮科技革命和产业变革，我们必须抢抓机遇，加大创新力度，培育壮大新兴产业，超前布局建设未来产业，完善现代化产业体系。发展新质生产力不是忽视、放弃传统产业，要防止一哄而上、泡沫化，也不要搞一种模式。各地要坚持从实际出发，先立后破、因地制宜、分类指导，根据本地的资源禀赋、产业基础、科研条件等，有选择地推动新产业、新模式、新动能发展，用新技术改造提升传统产业，积极促进产业高端化、智能化、绿色

---

① 《习近平在中共中央政治局第十一次集体学习时强调 加快发展新质生产力 扎实推进高质量发展》，《人民日报》2024年2月2日。

新质生产力：高质量发展的新引擎

化。"3月6日，习近平总书记在全国政协十四届二次会议的民革、科技界、环境资源界委员联组会上指出："科技界委员和广大科技工作者要进一步增强科教兴国强国的抱负，担当起科技创新的重任，加强基础研究和应用基础研究，打好关键核心技术攻坚战，培育发展新质生产力的新动能。"3月7日，习近平总书记在十四届全国人大二次会议解放军和武警部队代表团全体会议上指出："党的二十大后，党中央从推动高质量发展全局出发，明确提出加快发展新质生产力。这为新兴领域战略能力建设提供了难得机遇。要乘势而上，把握新兴领域发展特点规律，推动新质生产力同新质战斗力高效融合、双向拉动。"

"因地制宜"是习近平总书记对发展新质生产力的新要求。发展新质生产力，各地要把握好自身在国家发展大局中的定位，并在此基础上去思考、去谋划、去推进。新质生产力并不局限于高精尖领域，也包括传统产业高端化、智能化、绿色化转型等内容。同时，不同地方的发展状况不同，新质生产力发展也会呈现不同的特征。因此，要分类实施，根据本地的资源禀赋、产业基础、科研条件等，有选择地推动新产业、新模式、新动能发展。紧扣科技创新的核心要素，在固长板、补短板、锻新板上狠下功夫，探索出发挥本地优势、展现本地特长的新路子。正如习近平总书记要求江苏"全面融入和服务长江经济带发展和长三角一体化发展战略，加强同其他区域发展战略和区域重大战略的对接"[①]；要求天津"深入

[①] 《习近平在参加江苏代表团审议时强调 因地制宜发展新质生产力》，《人民日报》2024年3月6日。

推进区域一体化和京津同城化发展体制机制创新"[1]；要求广西"主动服务国家重大战略，对接沿海发达地区产业新布局""要持续扩大对内对外开放。要增强内外联动，构建更有活力的开放型经济体系"[2]。生产力的形成和发展不是一蹴而就的，而是具有渐进性、继承性的特点，这决定了新质生产力的形成需要一个长期的过程。

二、新质生产力是对马克思主义生产力理论的创新与发展

马克思曾指出："人们不能自由选择自己的生产力——这是他们的全部历史的基础，因为任何生产力都是一种既得的力量，是以往的活动的产物。"[3] 生产力是人们应用能力的结果，但是这种能力本身决定于人们所处的条件，决定于先前已经获得的生产力，决定于在他们以前已经存在、不是由他们创立而是由前一代人创立的社会形式。新质生产力是在习近平总书记准确研判世界经济发展的历史阶段和现实经济现状的基础上凝练而提出的，既传承了马克思主义生产力理论，又是马克思主义基本原理同中国具体实践相结合的理论体现；既是对科学技术推动生产力发展的历史生成新阶段的综合研判，也是促进中国对人类未来新产业逐步涌现、加速成长和逐步发展壮大的重要指引。

新质生产力是对马克思主义生产力理论的传承和发展。马克思认为，生产力是一个不断实践发展变化的运动过程。"劳动生产力

---

[1] 《习近平春节前夕赴天津看望慰问基层干部群众 向全国各族人民致以美好的新春祝福 祝各族人民幸福安康 祝伟大祖国繁荣昌盛》，《人民日报》2024年2月3日。
[2] 《习近平在广西考察时强调 解放思想创新求变向海图强开放发展 奋力谱写中国式现代化广西篇章》，《人民日报》2023年12月16日。
[3] 《马克思恩格斯文集》第10卷，人民出版社2009年版，第43页。

新质生产力：高质量发展的新引擎

是随着科学和技术的不断进步而不断发展的。"[1]"人们为了能够'创造历史'，必须能够生活。但是为了生活，首先就需要吃喝住穿以及其他一些东西。因此第一个历史活动就是生产满足这些需要的资料，即生产物质生活本身"[2]。生产力不是静止僵化的，而是"质"与"量"的统一。新质生产力继承与创新发展了马克思主义生产力理论，是生产力系统理论和发展理论的升华，是马克思主义生产力理论在当代中国的创造性运用和深化发展。[3]

在马克思那里，生产力跟生产方式、劳动者、社会形式、资本等构成了一座丰富的经济学思想大厦，它突破了人们原有的政府与市场的两维度的思考框架。正如马克思、恩格斯指出的那样，"历史的每一阶段都遇到一定的物质结果，一定的生产力总和，人对自然以及个人之间历史地形成的关系，都遇到前一代传给后一代的大量生产力、资金和环境，尽管一方面这些生产力、资金和环境为新的一代所改变，但另一方面，它们也预先规定新的一代本身的生活条件，使它得到一定的发展和具有特殊的性质"[4]。马克思强调的生产力的立足点不是纯粹的哲学思辨，而是人们实际生活过程本身。

马克思从历史唯物主义和政治经济学双重维度阐释了生产力的内涵，指出了生产力的构成要素，解密了人类社会发展的历史规律，创造了马克思主义生产力理论。马克思主义生产力理论揭示了生产力是推动历史发展进步的根本性力量，揭示了生产力发展的基

---

[1] 《马克思恩格斯文集》第5卷，人民出版社2009年版，第698页。
[2] 《马克思恩格斯文集》第1卷，人民出版社2009年版，第531页。
[3] 袁银传、王馨玥：《论新质生产力的内涵、特征和意义——兼论马克思主义生产力理论的创新发展》，《青年学报》2024年第1期。
[4] 《马克思恩格斯文集》第1卷，人民出版社2009年版，第544—545页。

本趋势。"人们在自己生活的社会生产中发生一定的、必然的、不以他们的意志为转移的关系,即同他们的物质生产力的一定发展阶段相适合的生产关系。这些生产关系的总和构成社会的经济结构,即有法律的和政治的上层建筑竖立其上并有一定的社会意识形式与之相适应的现实基础。"① 生产力是促使社会发展进步的最根本、最活跃因素。马克思通过揭示生产力本质发现市民社会的基础和经济运行的方式,揭露了资本主义生产方式的固有矛盾。

新质生产力是中国共产党人发展生产力的战略导向。习近平总书记指出:"历史经验表明,那些抓住科技革命机遇走向现代化的国家,都是科学基础雄厚的国家;那些抓住科技革命机遇成为世界强国的国家,都是在重要科技领域处于领先行列的国家。"② 新征程上我国需要持续解放和发展生产力,这是由两个"十五年"战略安排内在规定的,我国解放和发展生产力不是使此前生产力的规模增大,它在很大程度上需要体现出对新质生产力的积极回应。

改革开放前,毛泽东强调:"不搞科学技术,生产力无法提高。"③ 改革开放后,邓小平强调,"科学技术是第一生产力"④。党的二十大报告进一步强调,"科技是第一生产力、人才是第一资源、创新是第一动力",表明新质生产力是在科技、人才、创新"三位一体"有机融合基础上形成的一种新型生产力。新质生产力既涵盖了对人类社会发展进程中科技进步推动生产力跃升的经验性总结,又对未来社会生产力发展趋势作出了前瞻性判断,是对马克思主义

---

① 《马克思恩格斯文集》第2卷,人民出版社2009年版,第591页。
② 《习近平谈治国理政》第2卷,外文出版社2017年版,第268页。
③ 《毛泽东文集》第8卷,人民出版社1999年版,第351页。
④ 《邓小平文选》第3卷,人民出版社1993年版,第274页。

新质生产力：高质量发展的新引擎

生产力理论的继承和发展，为在中国式现代化进程中全面推动中国经济高质量发展、在日趋激烈的国际竞争中赢得战略主动奠定了思想理论根基。

因而，可以从两个方面对新质生产力进行剖析。其一，新质生产力是生产力发展的历史经验总结。马克思认为，发展是生产力进步与人的发展的统一。发展新质生产力不但是一个质变代替量变积累的跨越过程，也是应对新一轮科技革命和产业变革的有效措施。生产力的发展推动着经济社会的进步，有什么样的生产力就会有什么样的经济社会状态。生产力的发展不是一成不变的，而是随着技术的进步而不断提升的。我国经济发展进入新常态，已由高速增长阶段转向高质量发展阶段，这对我国经济发展提出了更高的要求。一方面，我国面临着自然资源过度消耗、劳动力成本上升、社会竞争加剧等现实问题，拼资源、拼廉价劳动力的传统生产力发展方式已难以为继；另一方面，随着新一轮科技革命和产业变革深入发展，创新型人才建设、绿色生产力建设、保障和改善民生建设等新关切不断出现。在此历史契机下，推动生产力转型升级的需求日益凸显，新质生产力的提出正当其时。其二，新质生产力是解决当前发展不平衡不充分问题的关键。通过技术变革和创新，新质生产力可以提升整体经济效率和竞争力，从而推动经济增长。引领新型产业和业态的发展，加速数字化、智能化转型，将为经济注入新的活力和动力。新质生产力可以通过统筹城乡发展、区域发展和收入分配，解决发展不平衡问题。促进城乡一体化发展，推动区域协调发展，实现资源、产业、人才等要素的优化配置，缩小地区间发展差距，提高全民收入水平，实现共同富裕。新质生产力还可以通过集约生产和绿色生产实现发展与环境保护的协调统一。倡导绿色低碳发展理念，推动资源节约和循环利用，减少环境污染和生态破坏，实现经济增长与生态环境保护的良性互动，为可持续发展打下坚实基础。新质生产力也能通过供给侧结构性改革和民生保障满足人民美好生活需要。新质生产力与新发展理念以及高质量发展密切相关，并相互促进、相互支持。它们共同构成了中国经济发展的新引擎和新动力，为实现经济持续健康发展、提升国家整体竞争力提供了重要保障。在新时代，新质生产力与新发展理念以及高质量发展的有机结合将成为中国经济发展的主题和主线。

三、新质生产力引领我国经济发展走向

任何一种生产力都是改造自然的力量。马克思认为，每一个时代的个体都不能凭借想象力生成生产力。习近平总书记强调："整合科技创新资源，引领发展战略性新兴产业和未来产业，加快形成新质生产力。"[①]可以看出，新质生产力之"新"至少关涉以下三个方面。

一是科技创新所推动的生产要素质变。从发展动力来看，新质生产力的根本驱动力在于科技创新。自18世纪中叶以来，科技革命和工业革命浪潮深刻改变了人类社会面貌，生产力的迭代更新推动社会生产方式和生活方式革命性变革。三次科技革命带动了生产力的发展，人工智能的发展又带动了一场全新的科技革命，推动社会进入"万物智能"时代，催生出新质生产力，各国重新站在新的起跑线上。进入人工智能时代以来，通用智能体大量出现，生产力得

---

① 《习近平在黑龙江考察时强调 牢牢把握在国家发展大局中的战略定位 奋力开创黑龙江高质量发展新局面》，《人民日报》2023年9月9日。

新质生产力：高质量发展的新引擎

到飞速提升，中国在生物医药、量子信息、载人航天、先进制造等领域不断突破，前沿科技领域不断革新，塑造出人类文明新形态。

二是高质量发展的新历史方位和新路径选择。新发展理念和新发展格局内含着生产力发展的"新质"要求，同新质生产力辩证统一于中国特色社会主义经济实践，具有高质量发展和人民幸福目标的一致性。新发展阶段是新的历史方位，新发展理念是新的指导原则，新发展格局是新的路径选择。

三是21世纪涌现出的新兴产业和未来产业。新质生产力面向战略性新兴产业和未来产业。产业是生产力发展的重要载体和表现形式，战略性新兴产业和未来产业是新质生产力发展的重点领域，符合高质量发展要求。近年来，各国快速发展战略性新兴产业和未来产业，以提升国际竞争优势和实现跨越发展。战略性新兴产业是我国经济高质量发展的重要支撑，具体包括新能源、新材料、先进制造、电子信息等产业。未来产业是指具有发展性、战略性、高成长性的新型高技术产业，囊括基因技术、元宇宙、量子信息等领域。各国加强对未来产业的战略部署，加快布局未来产业，抢占未来产业创新发展高地。战略性新兴产业和未来产业具有巨大发展潜力和未来前景，关乎我国经济社会发展方向，关乎我国国际竞争力与影响力。

习近平总书记指出："发展新质生产力是推动高质量发展的内在要求和重要着力点，必须继续做好创新这篇大文章，推动新质生产力加快发展。"[1] 在强国建设、民族复兴新征程上，推进中国式现代化最根本的是要实现生产力的现代化。

---

[1] 《习近平在中共中央政治局第十一次集体学习时强调　加快发展新质生产力　扎实推进高质量发展》，《人民日报》2024年2月2日。

一要聚焦先进生产力加强科技创新。科技是先进生产力的集中体现和主要标志。新质生产力是以科技创新为主导的生产力，需要摆脱传统经济增长路径和生产力发展路径。要从全面提升科技创新实力、畅通科技成果向新质生产力转化渠道、强化知识产权保护、突出企业科技创新的主体地位等方面入手。

二要围绕发展新质生产力布局产业链。产业是经济发展的根基与命脉，也是生产力的载体，科技成果只有产业化才能成为社会生产力。要不断完善现代化产业体系、加快推进新型工业化、积极培育新兴产业和未来产业、加快推进产业数字化转型、全面推进"人工智能+"行动、全力推动传统产业转型升级、持续优化营商环境。

三要走生态优先、绿色发展之路。建设生态文明是新质生产力发展的内在要求。绿色发展是高质量发展的底色，新质生产力本身就是绿色生产力。要以科技创新引领发展绿色生产力、推动制造业和服务业绿色化发展、发展绿色能源产业、构建绿色低碳循环经济体系。

四要形成适应新质生产力的新型生产关系。新质生产力需要与之匹配的新型生产关系，以及在此基础上建立起来的新型经济制度、运行机制和发展环境。具体来说，一是深化经济体制改革，打通束缚新质生产力发展的堵点卡点，建立高标准市场体系，创新生产要素配置方式，激发各类市场主体活力，让各类先进优质生产要素向发展新质生产力顺畅流动。二是深化科技体制改革，健全科技评价体系和激励机制，建设更高水平开放型经济新体制。提供高水平法治保障，有效增强研究者的创新动力。

五要畅通教育、科技、人才的良性循环。教育、科技、人才是全面建设社会主义现代化国家的基础性、战略性支撑。具体应在

新质生产力：高质量发展的新引擎

推进教育、科技、人才一体化发展和锚定国家重大需求布局学科建设、搭建发展新质生产力的人才体系、深化人才发展体制机制改革、打造新型劳动者队伍等方面入手。

六要因地制宜发展新质生产力。在推进新质生产力发展过程中，如果脱离实事求是、因地制宜原则，"什么热门就投什么"，或毫无重点地"撒胡椒面"，强行推动战略性新兴产业和未来产业发展，可能会导致项目盲目投资过多、产能过剩严重等现象出现，进而迫使市场陷入内卷，结果不仅发展不了新质生产力，还会对地方经济社会发展产生严重的消极作用。因而，必须因地制宜选择发展战略、因地制宜布局未来产业集群、因地制宜完善相关政策支持。

此外，我们也要看到，新质生产力不仅创新和完善了马克思主义生产力理论，彰显了马克思主义的蓬勃生命力，更发挥了科学理论指导实践发展的积极作用。我们要站在全球的高度，具有国际视野，在历史和未来、国内和国外的范畴内看待新质生产力。新质生产力的重大意义在国际视野上主要体现在以下四个重要方面：在经济社会层面，驱动了经济内涵式发展；在主体间性层面，确证了实体生产的优先性；在政治价值层面，彰显了人民至上的价值优势；在全球文明层面，塑造了百年变局下的科技文明创新。

第一章

应时而生：新质生产力是什么？

2024年1月31日，习近平总书记在中共中央政治局第十一次集体学习时强调："发展新质生产力是推动高质量发展的内在要求和重要着力点""新质生产力已经在实践中形成并展示出对高质量发展的强劲推动力、支撑力"。2024年全国两会期间，"大力推进现代化产业体系建设，加快发展新质生产力"已成为社会各界热议的焦点。发展新质生产力为开辟发展新领域新赛道、塑造发展新动能新优势提供了科学指引。加快发展新质生产力，是新征程上解放和发展生产力的客观要求，是推动高质量发展、实现中国式现代化的必然选择。

第一节　新质生产力的提出

党的第三个历史决议要求"用马克思主义的立场、观点、方法观察时代、把握时代、引领时代"。党的十八大以来，党中央先后提出了经济新常态、新发展理念、高质量发展等重要理念，逐步形成了习近平经济思想。任何一种理论都有其所属的时代背景，正是在理论和实践不断推进的当下诞生了习近平经济思想的新概念——"新质生产力"。新质生产力的提出与其所处的时代息息相关，与中国社会发展所面临的问题有着分不开的关系。

一、"新质生产力"亮相东北

习近平总书记在准确把握时刻变化的国际环境和国内形势的基础上，植根中国实践，不断推动马克思主义生产力理论的中国化时代化，针对我国区域发展不平衡、东北区域经济提振不力的局面，创造性提出新质生产力概念，要求"加快形成新质生产力""发展新质生产力"。2023年9月7日，习近平总书记在黑龙江省哈尔滨市主持召开新时代推动东北全面振兴座谈会时强调："积极培育新能源、新材料、先进制造、电子信息等战略性新兴产业，积极培育未来产业，加快形成新质生产力，增强发展新动能。"9月8日，习近平总书记在听取黑龙江省委和省政府工作汇报后强调："整合科技创新资源，引领发展战略性新兴产业和未来产业，加快形成新质生产力。"

一方面，从产业发展看，实现东北产业高质量发展亟须形成新质生产力。实体经济是东北全面振兴的根基。实现东北全面振兴需要进行产业基础能力再造、经济创造力重塑和新旧动能转换，这是一种发展基于创新和现代化经济体系要求并与新的生产方式相适应的新经济形态；只有实现产业升级与转型，才能为传统经济找到新出路。另一方面，从国家安全看，维护国家安全亟须新质生产力护航。维护国家国防安全、粮食安全、生态安全、能源安全、产业安全等"五大安全"离不开新质生产力的发展，要突破核心技术、培育核心技术，解决"卡脖子"问题。综上，加快形成新质生产力是习近平总书记基于东北地区特点和新时代东北全面振兴的现实问题而开出的新"药方",是针对新一轮科技革命和产业变革的新方向,为实现东北高质量发展、全方位振兴取得新突破而提出的新期许。

二、全面释义"新质生产力"

毋庸置疑,随着新时代推动东北全面振兴座谈会和中央经济工作会议召开,"新质生产力"成为习近平经济思想的重要内容,加快形成新质生产力成为高质量发展的重要前提。新春前后,习近平总书记频繁提及"新质生产力",并进行了全方位论述。2023年12月,习近平总书记在中央经济工作会议上强调:"要以科技创新推动产业创新,特别是以颠覆性技术和前沿技术催生新产业、新模式、新动能,发展新质生产力。"强调驱动新产业、新模式、新动能需要依靠颠覆性技术和前沿技术。12月21日至22日,中共中央政治局召开学习贯彻习近平新时代中国特色社会主义思想主题教育专题民主生活会,会议强调:"科技创新实现新突破,新质生产力加快形成。"12月29日,习近平总书记在全国政协新年茶话会上再次强调"科技创新实现新突破,新质生产力加快形成"。

2024年1月,习近平总书记向受表彰的"国家卓越工程师"和"国家卓越工程师团队"致以热烈祝贺,并指出:"希望全国广大工程技术人员坚定科技报国、为民造福理想,勇于突破关键核心技术,锻造精品工程,推动发展新质生产力,加快实现高水平科技自立自强,服务高质量发展,为以中国式现代化全面推进强国建设、民族复兴伟业作出更大贡献。"2月2日,在听取天津市委和

新质生产力：高质量发展的新引擎

市政府工作汇报后，习近平总书记指出："天津作为全国先进制造研发基地，要发挥科教资源丰富等优势，在发展新质生产力上勇争先、善作为。"2月7日，在同党外人士座谈时，习近平总书记强调："我们加快完善新型举国体制，科技创新实现新突破，促进新质生产力发展。"2月8日，在2024年春节团拜会上，习近平总书记指出："科技创新实现新突破，新质生产力加快形成。"2月29日，在中共中央政治局第十二次集体学习时，习近平总书记再次强调："要瞄准世界能源科技前沿，聚焦能源关键领域和重大需求，合理选择技术路线，发挥新型举国体制优势，加强关键核心技术联合攻关，强化科研成果转化运用，把能源技术及其关联产业培育成带动我国产业升级的新增长点，促进新质生产力发展。"这一系列重要讲话使我们能够深刻感受到高质量发展取得的重大成就在一定程度上得益于新质生产力。同时也应看到，新质生产力是与科技创新紧密结合在一起的，我国高质量发展的成就很大程度上得益于科技创新对新质生产力的赋能。

首先，研发经费投入不断增长，企业研发力量不断增强，国家创新能力明显提升，我国在世界知识产权组织（WIPO）发布的《2023年全球创新指数报告》中排名第12位，创新指数排名连续10年总体保持上升势头，拥有的全球百强科技创新集群数量首次跃居世界第一。科技创新水平不断提升，为新质生产力形成提供了强大的驱动力。其次，数字化、智能化创新取得明显成效，数据成为新型生产要素，算力基础设施不断完善，生产工具从传统的机械升级为以算力提升为驱动的信息化设备，为新质生产力提供了强大的驱动力。数据和算力的相互协同配合为塑造更高水平的新质生产力提供了强大的推动力。再次，科技创新推动劳动力升级，在新旧职业交替的过程中，科技创新将会带领相关产业发展壮大，劳动生产率和劳动质量有效提升能够加速新质生产力的形成。最后，科技创新通过引入大数据、云计算、人工智能、物联网等新技术、新产品和新模式，加快了我国战略性新兴产业和未来产业的布局发展，为构建现代化产业体系提供了必要的物质技术基础，也能为我国形成新质生产力提供强大的驱动力。

三、"新质生产力"的具体内涵

社会各界围绕习近平总书记提出的"新质生产力"，对新质生产力的具体内涵、时代价值、形成路径展开了热烈的讨论。2024年1月31日，习近平总书记在中共中央政治局第十一次集体学习时强调："高质量发展需要新的生产力理论来指导，而新质生产力已经在实践中形成并展示出对高质量发展的强劲推动力、支撑力，需要我们从理论上进行总结、概括，用以指导新的发展实践。"习近平总书记对新质生产力进行了更详细的释义，他强调："新质生产力是创新起主导作用，摆脱传统经济增长方式、生产力发展路径，具有高科技、高效能、高质量特征，符合新发展理念的先进生产力质态。它由技术革命性突破、生产要素创新性配置、产业深度转型升级而催生，以劳动者、劳动资料、劳动对象及其优化组合的跃升为基本内涵，以全要素生产率大幅提升为核心标志，特点是创新，关键在质优，本质是先进生产力。""科技创新能够催生新产业、新模式、新动能，是发展新质生产力的核心要素。""要围绕发展新质生产力布局产业链，提升产业链供应链韧性和安全水平，保证产业体系自主可控、安全可靠。"

习近平总书记关于新质生产力的系列重要论述，指明了新质生产力的特征、基本内涵、核心标志、特点、关键、本质等基本理论问题，为我们准确把握新质生产力的科学内涵提供了根本遵循，为我们理解新质生产力的发展方式提供了系统性的认识。新质生产力是创新起主导作用的先进生产力质态，特点是创新。把握新质生产力，关键在于深刻认识创新在提高生产力中的关键性作用。

"新质生产力"由"形成"到"发展"的表述，说明我国在生产力领域开启了新征程。事实也证明，新一轮科技革命和产业变革蓄势待发，一些重大颠覆性技术创新正在创造新产业新业态，信息技术、生物技术、制造技术、新材料技术、新能源技术广泛渗透到几乎所有领域，带动了以绿色、智能、泛在为特征的群体性重大技术变革。这说明新质生产力不是传统生产力的局部优化与简单迭代，而是由技术革命性突破、生产要素创新性配置、产业深度转型升级而催生的先进生产力，必将带来发展方式、生产方式的变革，推动我国社会生产力实现新的跃升，为高质量发展提供强劲推动力、支撑力。我们必须抢抓机遇，加大创新力度，培育壮大新兴产业，超前布局建设未来产业，完善现代化产业体系。加快形成新质生产力，就是要在生产力发展中取得领先地位，在新领域新赛道上占据发展先机，在激烈的国际竞争中赢得发展主动权。

四、"新质生产力"风靡全国两会

2024年3月初，全国两会如期召开，"新质生产力"迅速成为全国两会的重点关注话题。习近平总书记对新质生产力的再度阐释将此概念提升到了新高度。

3月5日，习近平总书记在参加十四届全国人大二次会议江苏代表团审议时强调："要牢牢把握高质量发展这个首要任务，因地制宜发展新质生产力。""发展新质生产力不是忽视、放弃传统产业，要防止一哄而上、泡沫化，也不要搞一种模式。各地要坚持从实际出发，先立后破、因地制宜、分类指导，根据本地的资源禀赋、产业基础、科研条件等，有选择地推动新产业、新模式、新动能发展，用新技术改造提升传统产业，积极促进产业高端化、智能化、绿色化。"

同时，针对江苏省的具体情况，他提出："要谋划进一步全面深化改革重大举措，为推动高质量发展、推进中国式现代化持续注入强劲动力。围绕构建高水平社会主义市场经济体制，加快完善产权保护、市场准入、公平竞争、社会信用等市场经济基础制度。完善落实'两个毫不动摇'的体制机制，支持民营经济和民营企业发展壮大，激发各类经营主体的内生动力和创新活力。深化科技体制、教育体制、人才体制等改革，打通束缚新质生产力发展的堵点卡点。持续建设市场化、法治化、国际化一流营商环境，塑造更高水平开放型经济新优势。"他特别强调："江苏发展新质生产力具备良好的条件和能力。要突出构建以先进制造业为骨干的现代化产业体系这个重点，以科技创新为引领，统筹推进传统产业升级、新兴产业壮大、未来产业培育，加强科技创新和产业创新深度融合，巩固传统产业领先地位，加快打造具有国际竞争力的战略性新兴产业集群，使江苏成为发展新质生产力的重要阵地。"

3月6日，习近平总书记在全国政协十四届二次会议的民革、

新质生产力：高质量发展的新引擎

科技界、环境资源界委员联组会上指出："科技界委员和广大科技工作者要进一步增强科教兴国强国的抱负，担当起科技创新的重任，加强基础研究和应用基础研究，打好关键核心技术攻坚战，培育发展新质生产力的新动能。要务实建言献策，助力深化科技体制改革和人才发展体制机制改革，健全科技评价体系和激励机制，进一步激发各类人才创新活力和潜力。"3月7日，习近平总书记在十四届全国人大二次会议解放军和武警部队代表团全体会议上指出："党的二十大后，党中央从推动高质量发展全局出发，明确提出加快发展新质生产力。这为新兴领域战略能力建设提供了难得机遇。要乘势而上，把握新兴领域发展特点规律，推动新质生产力同新质战斗力高效融合、双向拉动。"

可以看出，"因地制宜"是习近平总书记对发展新质生产力的新要求。发展新质生产力，各地要把握好自身在国家发展大局中的定位，并在此基础上去思考、去谋划、去推进。新质生产力并不局限于高精尖领域，也包括传统产业高端化、智能化、绿色化转型等内容。同时，不同地方的发展状况不同，新质生产力发展也会呈现不同的特征。重要的是分类实施，要根据本地的资源禀赋、产业基础、科研条件等，有选择地推动新产业、新模式、新动能发展。紧扣科技创新的核心要素，在固长板、补短板、锻新板上狠下功夫，探索出发挥本地优势、展现本地特长的新路子。正如习近平总书记要求江苏"全面融入和服务长江经济带发展和长三角一体化发展战略，加强同其他区域发展战略和区域重大战略的对接"[①]；要求天津

[①] 《习近平在参加江苏代表团审议时强调 因地制宜发展新质生产力》，《人民日报》2024年3月6日。

第一章 应时而生：新质生产力是什么？

"深入推进区域一体化和京津同城化发展体制机制创新"[①]；要求广西"主动服务国家重大战略，对接沿海发达地区产业新布局""要持续扩大对内对外开放。要增强内外联动，构建更有活力的开放型经济体系"[②]。这些都是考虑到当地特殊性而提出的。生产力的形成和发展不是一蹴而就的，而是具有渐进性、继承性的特点，这决定了新质生产力的形成需要一个长期的过程。马克思曾在致帕·瓦·安年科夫的信中写道："人们不能自由选择自己的生产力——这是他们的全部历史的基础，因为任何生产力都是一种既得的力量，是以往的活动的产物。"[③]可见，生产力是人们应用能力的结果，但是这种能力本身决定于人们所处的条件，决定于先前已经获得的生产力，决定于在他们以前已经存在、不是由他们创立而是由前一代人创立的社会形式。我国生产力发展之路与马克思对生产力发展规律的认识是一致的。新中国成立初期，中国共产党团结带领全国各族人民优先发展重工业，建立和巩固了比较完整的工业体系和国民经济体系；改革开放后，进行经济体制改革，引入市场机制，逐步建立起社会主义市场经济体制，激发了市场主体的经济活力，推动了生产力的高速发展；新时代，我国在科技领域取得了举世瞩目的伟大成就，科技实力正从量的积累迈向质的飞跃，为进一步解放和发展生产力奠定了坚实基础。但是，我国发展不平衡不充分问题仍然突出，推进高质量发展还有许多卡点瓶颈，科技创新能力还不强。发展新质

[①] 《习近平春节前夕赴天津看望慰问基层干部群众 向全国各族人民致以美好的新春祝福 祝各族人民幸福安康 祝伟大祖国繁荣昌盛》，《人民日报》2024年2月3日。
[②] 《习近平在广西考察时强调 解放思想创新求变向海图强开放发展 奋力谱写中国式现代化广西篇章》，《人民日报》2023年12月16日。
[③] 《马克思恩格斯文集》第10卷，人民出版社2009年版，第43页。

生产力，要处理好传统产业与新质生产力的关系，要用全面、辩证、发展的眼光观察和理解。

将新质生产力同新质战斗力结合起来，为全面提升新兴领域战略能力指明了方向。新质战斗力是基于信息系统的体系作战能力，是集综合感知、实时指控、精确打击、全维防护、聚焦保障于一体的信息化条件下战斗力的基本形态。新质战斗力的生成有赖于对新一轮科技革命中新理论、新材料、新能源、新技术的深度挖掘和应用，进而赋予军队无人自主、跨域融合、全域作战等全新能力。加快形成新质战斗力和加快形成新质生产力都是着眼和强调时代发展、科技革命带来的颠覆性、突破性变革，谁能抓住数字技术、低碳技术、新能源技术、大数据和人工智能技术等新一轮科技革命机遇，加快应用新科技新技术，改变战斗力、生产力的形态，提升战斗力、生产力的现代化水平，谁就能够在未来战争中占据主动地位，谁就能够在世界现代化发展的国家竞争中占得先机，具有竞争优势。

第二节　新质生产力推动高质量发展

习近平总书记指出，"高质量发展需要新的生产力理论来指导"[①]。新质生产力有别于传统生产力，它是科技创新发挥主导作用的

[①] 《习近平在中共中央政治局第十一次集体学习时强调　加快发展新质生产力　扎实推进高质量发展》，《人民日报》2024年2月2日。

生产力，是生产力的一种能级跃迁。新质生产力以科技创新为内核，"以新促质"，以创新驱动高质量发展，能够带来生产方式和生活方式的极大变化。事实上，新质生产力赋能高质量发展已经取得了诸多瞩目的成果。

一、科技创新是高质量发展的核心驱动力

以科技创新开辟发展新领域新赛道、塑造发展新动能新优势，是大势所趋，也是高质量发展的迫切要求。纵观人类历史，回顾科技革命与生产力的发展进程，社会生产力的突破与发展从来都寓于创新之中，每一次生产力的进步事实上都是一次创新。习近平总书记指出，"必须依靠创新特别是科技创新实现动力变革和动能转换"[①]，"整合科技创新资源，引领发展战略性新兴产业和未来产业，加快形成新质生产力"[②]。我们要在百年大变局、产业大转型、数实大融合中把握科技创新机遇，找准形成新质生产力的发展方向，在日趋复杂的国际科技竞争中赢得战略主动。

新质生产力通过科技创新发展产生强劲推动力、支撑力。一方面，科技创新通过引入新技术、新工艺和新产品，推动传统产业的技术改造和优化升级，同时促进战略性新兴产业的发展，实现产业结构的高端化转型；另一方面，科技创新可以为企业引入新技术、新业态和新模式，以实现降低成本、提高效率、增强核心竞争力的目的，通过优化生产流程、提高自动化和信息化水平，有效提升资

---

① 《习近平在四川考察时强调 推动新时代治蜀兴川再上新台阶 奋力谱写中国式现代化四川新篇章》，《人民日报》2023年7月30日。
② 《习近平在黑龙江考察时强调 牢牢把握在国家发展大局中的战略定位 奋力开创黑龙江高质量发展新局面》，《人民日报》2023年9月9日。

新质生产力：高质量发展的新引擎

源配置效率和生产效率。此外，科技创新是知识经济时代的重要特征，通过创新、保护和运用知识产权，促进了新质生产力及其相关知识体系的传播和落地，推动了社会整体的创新能力和技术水平的提升。

新时代以来，我国科技创新能力稳步提高。在载人航天、量子信息、核电技术、大飞机制造等领域取得一系列重大成果，进入创新型国家行列，具备了加快发展新质生产力的基础条件。全社会研发经费投入从1万亿元增加到3.1万亿元，与国内生产总值之比从1.91%提高到2.55%，超过欧盟国家平均水平，一批重大科技成果持续涌现，一些关键核心技术实现突破，2022年末发明专利有效量达421.2万件，位居世界第一。产业转型升级步伐持续加快，粮食总产量连续8年保持在1.3万亿斤以上，制造业规模稳居世界首位，战略性新兴产业不断壮大，服务业增加值占比从45.5%提高到52.8%，先进制造业和现代服务业融合发展进程加速。[1] 习近平总书记指出："实施创新驱动发展战略，是加快转变经济发展方式、提高我国综合国力和国际竞争力的必然要求和战略举措。"[2] 推动产业结构转型升级，实现经济高质量发展，必须坚持创新发展理念。在全球科技创新周期不断缩小的今天，加快形成新质生产力不仅要注重质的提升，更要注重方向，抓住关键方向，把握科学技术创新的关键窗口期，在正确方向上以速取胜是新质生产力加快形成的本质要求。

---

[1] 国家发展改革委党组理论学习中心组：《深入学习贯彻习近平经济思想 坚定不移推动高质量发展——认真学习〈习近平著作选读〉第一卷、第二卷》，《人民日报》2023年6月1日。

[2] 《习近平关于科技创新论述摘编》，中央文献出版社2016年版，第13页。

二、协调发展是高质量发展的内在要求

马克思认为，任何事物都是由多个部分组成的有机体，只有全面地考虑和处理这些组成部分之间的关系，从总体出发，补短板、重协调，整体才具有持续发展的可能。习近平总书记指出："协调既是发展手段又是发展目标，同时还是评价发展的标准和尺度。"[①] 协调发展是唯物辩证法在新时代新理念中的具体运用，体现了马克思主义对整体与局部关系的辩证认识。"坚持协调发展，必须牢牢把握中国特色社会主义事业总体布局"[②]。

新质生产力通过协调发展产生强劲推动力、支撑力。一方面，协调发展有助于不同区域之间的发展水平和速度保持相对均衡。通过优化区域发展战略，促进资源在不同区域之间的合理流动和配置，可以有效缩小区域发展差距，提高整体经济的效率和活力。另一方面，数字赋能均衡发展是新质生产力形成的应有之义。通过普及数字技术和信息化建设，可以提高各行业生产效率，推动产业升级，促进经济增长。此外，新质生产力的形成空间带来了平稳均衡的社会结构，在此之中通过保障和改善民生提高了人民群众的获得感和幸福感，通过完善社会保障体系推动了教育公平、促进就业机会均等化等重大民生事业。

新时代以来，我们打赢了脱贫攻坚战，历史性地解决了绝对贫困问题。乡村振兴战略全面实施，新型城镇化建设积极推进，常住人口城镇化率稳步提升，城乡居民人均可支配收入比逐步降低。区

---

① 习近平：《深入理解新发展理念》，《求是》2019 年第 10 期。
② 《中共十八届五中全会在京举行》，《人民日报》2015 年 10 月 30 日。

域协调发展机制不断健全，区域重大战略稳步实施，主体功能明显、优势互补、高质量发展的区域经济布局加快形成。数字化信息化时代所创造的软硬件分离为新质生产力开发布局和服务布局分离创造了可能。通过分析不同区域资源优势，依据资源禀赋权衡利弊，在发展导向中优化资源配置，为新质生产力的快速形成和发展提供有力支撑。产业协调发展要求建设具有国际竞争力的现代化产业体系，特别是大力发展新能源、新材料、先进制造、电子信息等战略性新兴产业，有效解决我国工业体系中存在的"卡脖子"问题。城乡协调发展就是在城市和农村相互支持、相互促进的良性互动中实现经济社会的总体发展。农业新质生产力形成的关键是在信息化、数字化、智能化基础上发展智慧农业和绿色生态健康农业，从而引导创新人才回流与农业新质生产力落地。

三、绿色低碳是高质量发展的重要保障

"保护生态环境就是保护生产力，改善生态环境就是发展生产力"[①]。绿色发展既是化石能源枯竭、全球变暖下自然环境对人类社会发展提出的新要求，也赋予了我们以新技术、新能源、新材料、新产业推动高质量发展的新动力。先污染后治理的发展模式使世界上少数国家率先走向现代化，但如果都走先污染后治理的路子，我们赖以生存的地球根本无法承受。中国式现代化就是要避免走少数发达国家所走过的传统生产力高排放、高能耗的增长模式，探索出一条低能高效的集约式可持续发展之路。

---

① 《中共中央关于党的百年奋斗重大成就和历史经验的决议》，《人民日报》2021年11月17日。

第一章　应时而生：新质生产力是什么？

　　新质生产力通过绿色低碳发展产生强劲推动力、支撑力。一方面，绿水青山带来了金山银山，绿色发展要求产业结构向低碳、清洁、高效的方向转型。这促进了清洁能源、节能环保、绿色制造等产业的发展，推动了传统产业的绿色改造。同时，绿色发展也催生了一系列新技术、新产品、新业态，如新能源汽车的发展重新整合了社会劳动要素，推动了生产各个环节的变革发展，推动了互联网和智能科技产业的融合和创新，对传统汽车产业造成的冲击也倒逼整个汽车产业的创新和转型。另一方面，绿水青山就是金山银山，绿色低碳的发展模式通过科技创新和管理创新，提高了资源利用效率，推动资源的循环使用和再利用，有效减少了高质量发展中对非可再生资源的依赖，延长资源的使用寿命，降低生产和消费过程中的资源消耗和环境压力。

　　新时代以来，绿色发展取得积极进展。蓝天、碧水、净土保卫战取得重大战略成果，重污染天气明显减少，水环境质量显著改善，土壤环境风险得到有效管控。山水林田湖草沙一体化保护和系统治理统筹推进，生态系统质量和稳定性不断提升。碳达峰碳中和工作积极稳妥推进，"1+N"政策体系构建完成，"碳达峰十大行动"扎实推进。能源绿色低碳转型成效显著，清洁能源消费占比从14.5%提升至25.9%，能耗强度累计下降26%以上。[①]我们要秉承提高环境质量、实现生态平衡的观念，强调天人合一、物我和谐的宇宙观，使绿水青山持续发挥生态效益和经济社会效益。

---

① 国家发展改革委党组理论学习中心组：《深入学习贯彻习近平经济思想　坚定不移推动高质量发展——认真学习〈习近平著作选读〉第一卷、第二卷》，《人民日报》2023年6月1日。

四、高水平开放是高质量发展的重要动力

高水平开放是推动高质量发展强有力的保障，也是发展新质生产力的关键因素。改革开放以来，我国充分发挥比较优势，积极参与国际分工，产业体系不断完备，生产力得到极大的发展。但随着要素成本优势逐渐弱化、传统产业优势动力不足、外需在全球经济衰退中走向低迷，亟须提升对外开放水平，加快形成新质生产力，培育新的国际竞争优势。数字化信息化时代，不同国家、不同文明间的交流互鉴成为全球生产力发展的重要路径之一，也成为我国新时代新质生产力加快形成的有效途径。

新质生产力通过高水平开放产生强劲推动力、支撑力。一方面，高水平开放为我国科技产业创新和高素质人才培养提供了更广阔的平台。通过国际科技合作和交流，既可以吸收国际前沿技术和创新理念，加速国内科技水平的提升，也可以吸引国际高端人才，促进人才的国际流动和知识技能的交流，为高质量发展提供人才支持和智力支持。另一方面，高水平开放有利于提升产业的国际竞争能力。通过与国际市场接轨，国内企业可以更好地了解国际需求和标准，促进产品和服务的质量提升。同时，高水平开放还能够引入国际竞争，激发市场活力，推动产业创新和技术进步，加快新旧动能转换。此外，高水平开放还能够展示国家的软实力，提升国家的国际形象，促进文化高质量发展。

新时代以来，贸易投资自由化便利化程度持续提升，货物贸易总额居世界第一，吸引外资和对外投资居世界前列。习近平总书记指出："要扩大高水平对外开放，为发展新质生产力营造良好国际

环境。"①共建"一带一路"走深走实，截至 2022 年末，我国已与 150 个国家、32 个国际组织签署 200 多份合作文件。②我国很多关键技术和核心技术得到国际社会认可，新设备、新工艺、新材料在国际市场中的竞争力不断加强，新质生产力快速形成。加快新质生产力形成、加快战略性新兴产业发展和加快现代化产业体系构建，需要我们秉承开放理念引进技术、学习技术，不断向西方先进技术经验学习。同时，要让新质生产力"走出去"，服务于我国贸易强国和科技强国的建设要求，促进国际产业链的形成，掌握国际生产力话语权。

五、共同富裕是高质量发展的根本目的

党的二十大报告指出，坚持以人民为中心的发展思想是全面建设社会主义现代化国家需要牢牢把握的重要原则，要维护人民根本利益，增进民生福祉，不断实现发展为了人民、发展依靠人民、发展成果由人民共享，让现代化建设成果更多更公平惠及全体人民。共同富裕是社会主义本质要求的具体体现，是实现人的全面发展和社会全面进步的重要目标。人是新质生产力发展的动力，生产力的发展要依靠人民群众共同劳动、开拓创新，以高质量劳动者参与到创新起主导作用的发展中去，汇聚起巨大的社会财富。

新质生产力通过推进共同富裕对高质量发展产生强劲推动力、

---

① 《习近平在中共中央政治局第十一次集体学习时强调 加快发展新质生产力 扎实推进高质量发展》，《人民日报》2024 年 2 月 2 日。
② 国家发展改革委党组理论学习中心组：《深入学习贯彻习近平经济思想 坚定不移推动高质量发展——认真学习〈习近平著作选读〉第一卷、第二卷》，《人民日报》2023 年 6 月 1 日。

新质生产力：高质量发展的新引擎

支撑力。一方面，共同富裕有助于增强社会的凝聚力和向心力。社会和谐稳定是经济高质量发展的重要前提，实现物质文明和精神文明的共享，更需要新质生产力的发展，这就要保障高素质劳动者的基本权益，充分尊重和调动起人民首创精神，从而创造出更多满足人民物质和精神需要的高质量产品，推动共同富裕。另一方面，共同富裕意味着人力资源的全面发展和充分利用。通过提高教育水平、改善医疗卫生条件、完善社会保障体系等措施，可以有效提升劳动力素质，促进人才的合理流动和优化配置，为高质量发展提供充足的人力资源保障。此外，共同富裕体现了社会主义制度的优越性和中国特色社会主义的实践成果，积极回应了人民群众对丰富和高尚的精神生活的向往。

新时代以来，共享发展成效显著。城镇新增就业累计近1.3亿人，全国居民人均可支配收入超过3.6万元，年均实际增长6.2%，与经济增长基本同步，形成超4亿人口的世界最大规模中等收入群体。公共服务全方位普及普惠，建成世界上规模最大的教育体系、社会保障体系和医疗卫生体系，劳动年龄人口平均受教育年限达到10.93年，基本养老保险覆盖10.5亿人，基本医疗保险参保率稳定在95%以上，人民群众的获得感、幸福感、安全感不断增强。[①]可以说，新时代背景下社会保障、公共基础设施建设都得到了极大的提升与普及。随着新质生产力的发展，人们在享受社会公共服务的同时更加注重服务的质量。

---

① 国家发展改革委党组理论学习中心组：《深入学习贯彻习近平经济思想 坚定不移推动高质量发展——认真学习〈习近平著作选读〉第一卷、第二卷》，《人民日报》2023年6月1日。

第三节　新质生产力如何推动、支持高质量发展

新质生产力是新兴产业和未来产业的崭新探索，是向高质量发展转型的必由之路。发展新质生产力要通过积极培育新兴产业和未来产业，推动产业链供应链优化升级，深入推进数字经济创新要素市场化发展，形成经济高质量发展的重要支撑，为推动经济高质量发展注入新动能、提供新动力。

一、积极培育新兴产业和未来产业

新质生产力是以战略性新兴产业和未来产业为主要支撑载体的生产力。战略性新兴产业和未来产业同前瞻性科学技术创新具有契合性高、消耗低、潜力大等特点，高质量发展要求新质生产力锚定新兴产业培育发展潜力。

一是培育壮大战略性新兴产业。发展新质生产力，必须把新科技的研究运用及由此催生的战略性新兴产业和未来产业放在推动新质生产力形成的重要位置。加强战略性新兴产业和未来产业长期规划，调整和优化生产力结构布局，注重引导市场行为和社会预期，避免同质化无序竞争，为新产业新业态孕育、发展创造良好社会条件。低空经济是战略性新兴产业的典型代表。低空经济以低空空域为依托，以通用航空产业为主导，涉及低空飞行、航空旅游、短途运输、通航服务、科研教育等众多行业，具有辐射带动效应强、产业链条长的特点。从农林植保、电力巡检等传统通航作业的稳步增

新质生产力：高质量发展的新引擎

长，到空中游览、航空运动、医疗救护等新业态的加速发展，再到无人机在个人消费、地理测绘、影视航拍等应用场景的不断开发，低空经济火热升温。低空经济涵盖广泛的产业链，涉及政策制定、应用场景拓展以及产业链各环节的高效协同，将成为新质生产力落实到战略性新兴产业发展中的重要体现。

二是推动产业智能化，向高端产业链迈进。产业体系高端化离不开产业技术智能化，随着关键核心技术的突破，新质生产力的广泛应用将持续提升产业链向高端迈进。要实现新质生产力发展就要着力推动产业数字化转型，发挥物联网、大数据、云计算等数字技术与传统产业结合的优势，利用数据、算力等新兴生产要素，以智能化数据平台、自动化设备、智能制造系统实现生产与资源管理智能化，实现产业链全方位、全链条的改造升级；要加快推动数字产业化，聚焦集成电路、通信设备、智能硬件等重点领域，完善数字经济治理，参与数字经济国际合作，加快形成具有国际竞争力的新兴数字产业集群，提升产业体系的先进性。人工智能产业是高端产业的代表。相关数据显示，2023年，我国人工智能核心产业规模达5784亿元，增速为13.9%；我国生成式人工智能的企业采用率达15%，市场规模约为14.4万亿元。[①] 迅猛的发展态势和广阔的市场空间，为"人工智能+"行动的顺利实施奠定了坚实基础。产业思维也由过去的"互联网+"转向"人工智能+"。可以说，"人工智能+"行动不仅是对人工智能技术进一步拓展的落实，更是对未来经济社会发展的深远布局，人工智能要在推动产业升级、促进新

---

① 《政府工作报告首提"人工智能+"有何深意？》，人民网2024年3月9日。

质生产力加快形成等方面发挥更为重要的作用。

三是推动产业绿色化，实现产业可持续发展。生态环境与自然资源是新质生产力发展的重要要素，要加快绿色技术创新应用，鼓励企业自主研发，加快实现绿色低碳技术的重大突破与融合应用，革新以制造业为代表的产业工艺与基础设备，必须注重推动新质生产力的绿色发展。因而，必须加快可再生清洁能源的开发与利用，加强产业长期能效的改进，满足产业绿色化的节能减排与清洁生产要求；加强绿色供应链管理，优化绿色供应链的相关标准要求；发展循环经济等绿色新经济模式，以绿色生产力助推建设生态友好型产业体系。同时，随着终端用能电气化、分布式可再生能源以及信息化技术快速发展，能源供应端和需求端智慧化互动，使能源供需两侧更匹配、更节能、更高效、更安全、更经济。可以说，数字化技术赋能各领域，将催生智能制造、智慧能源、智慧交通、智慧供热、智慧空调、智慧社区、智慧园区、智慧城市等一批新业态新模式。这些新业态新模式的发展不但推动了绿色产业的发展，更进一步推动了产业的可持续。

二、推动产业链供应链优化升级

创新驱动产业链供应链优化升级，不断加快自主创新步伐，是增强产业链供应链的韧性和持续竞争力的关键所在。新质生产力是在关键核心技术和颠覆性技术的突破下提出的，正是因为关键核心技术和颠覆性技术的突破，科技创新与产业变革的深度融合，才使生产力环节的产业链供应链实现了技术升级，使产业链供应链更加完备。

新质生产力：高质量发展的新引擎

一要依靠新兴能源推动产业转型。党的二十大报告提出，加快推动产业结构、能源结构、交通运输结构等调整优化，加快节能降碳先进技术研发和推广应用。新质生产力在新能源领域的不断发展，为清洁能源、可再生能源等绿色能源的有效开发利用提供了基础保障。以核能、氢能为代表的清洁能源，以风能、潮汐能、太阳能为代表的可再生能源，不仅在环境友好性方面远强于传统化石能源，而且在未来的经济潜能上空间巨大。新质生产力通过新技术、新工艺、新模式的应用，有效降低对高污染、低效率、不可再生能源的依赖，加快了能源结构转型优化，提高新能源在能源使用中的占比，在生产、消费等领域中得到广泛应用。现阶段，我国能源结构正在加速变革。在新能源开发方面，截至2022年，我国风能、太阳能、氢能等清洁能源在能源生产总量中占比突破20%，可再生能源装机容量和循环资源综合利用产值相对2012年分别增长了30%和500%。在新能源应用方面，2023年，我国新能源汽车产销分别完成958.7万辆和949.5万辆，同比分别增长35.8%和37.9%，市场占有率达到31.6%。

二要强化产业融合、促进产业协同。产业结构的转型升级需要进一步提升产业链供应链韧性，为新质生产力的形成提供持续保障，进一步提升产业链供应链能力还需要在以下两个方面下功夫。第一，要强化不同产业间跨界创新、自主创新，实施产业跨界融合示范工程，发挥平台企业作用，融通不同行业的产业创新壁垒，加速打造战略性新兴产业和未来产业，形成优势产业集群；第二，要优化区域产业链发展，政府要加强对主导产业、支柱产业、基础产业等不同类型产业的顶层设计，因地制宜、优势互补，发挥区域内龙头企业的作用，带动引领区域内企业间的创新合作，提升产业链水平。

作为中国经济发展最活跃、开放程度最高、创新能力最强的区域之一，长三角地区拥有发展最完善的区域协同产业链，它以不足4%的国土面积，连年保持约全国1/4的经济总量。通过产业集群协同发展，一家新能源汽车整车厂可以在4小时车程内解决所需配套零部件供应。基于此，长三角三省一市分别提出了各自的发展规划。上海市要制定实施长三角一体化发展第三轮三年行动计划，加快建设长三角G60科创走廊、沿沪宁产业创新带。江苏省要规划建设长江口产业创新协同区，推动沿海港口与上海国际航运中心枢纽融合发展，更高水平建设生态绿色一体化发展示范区。浙江省明确要高标准推进长三角一体化，推动数字长三角、"轨道上的长三角"等建设取得新进展。安徽省则要协同打造长三角科技创新策源地，加强战略科技力量合作共建，深度参与产业链供应链分工协作，加快产业锻长补短。"高质量发展"和"新质生产力"成为长三角发展的关键。这说明促进区域产业融合的重要性。同样，我国东北地区、中部地区、西南地区、西部地区也面临着同样的问题，需要发挥集聚优势，提升产业档位。

三、深入推进数字经济创新要素市场化发展

数字经济是高质量发展的经济形态。随着我国社会主要矛盾的转变，经济社会发展开始迈向以新发展理念为指导的高质量发展阶段，数字赋能的高级生产要素在经济高质量发展中的作用逐步凸显。相关数据显示，我国数字经济规模从2012年的11万亿元增

新质生产力：高质量发展的新引擎

长到2022年的50.2万亿元，数字经济占GDP的比重由21.6%提升至41.5%，数字经济全要素生产率从1.66提高到1.75。新质生产力的发展既受到经济制度和市场机制的保障，又由于体制机制的相对滞后性而产生多重影响。形成新质生产力需要进一步推进经济制度的完善和市场机制的健全，完善分配制度，来释放国内市场需求潜力，打通要素市场和资源市场。

首先，加快培育数字要素市场。构建数字要素市场关键在于突破核心技术，加强数字基础设施建设，全面提升数字基础设施效能，推进5G互联网、数据中心、人工智能等数据基础设施的平衡发展。构建高标准数据要素及其赋能产品市场体系，要推动数据要素基础设施的区域平衡发展，加快城乡一体化，形成城乡互通有无、一体化的互联网，补齐乡村在宽带网络、交通基础设施等方面的短板，缩短东西部数据资源差距，促进区域之间优势互补和协同发展。

其次，推进资本市场建设。数字产业集聚可锻造多参与主体、高技术密集度、复杂数字产品结构的产业链条，吸引大量产业链上下游与支撑性企业形成较小空间尺度上的高密度集聚，有助于促进知识流动与专业化分工。一方面，要保持资本市场对于实体经济的服务热情。政府要通过税收优惠、财政补贴等方式，引导资本市场向科技创新、数字产业升级等领域倾斜，形成产业集群效应。另一方面，要将资本市场建立在规范的法律法规和有效的监管机制之上，健全产权保护制度，鼓励市场主体依法合规参与市场竞争，促进公平竞争审查制度全面落实，以优质市场环境吸引更多国际资本来我国投资兴业，以完备的新质生产力形成机制确保我国资本具有强大竞争力。

最后，健全全国统一的劳动力市场。人才是最活跃的创新要素，新质生产力是劳动力和生产资料有机结合的结果，只有把技术劳动力、普通劳动力、资金、设备、专利等各种资源以更为科学合理高效的方式进行组合与搭配，才能形成具有突破意义的原始创新成果。相关数据表明，我国人才资源总量达到 2.2 亿人，高技能人才超过 6000 万人，劳动年龄人口受教育程度持续提升，我国已成为全球规模最宏大、门类最齐全的人才资源大国，但区域间劳动力素质差异较大的现象仍存在。2010—2020 年这 10 年间，东部省份大学及以上学历人数比重达 20.9%。中部、西部及东北地区大学及以上学历人数比重分别达到 13.7%、14.5% 和 16.6%，学历差距较大。中部、西部及东北地区要通过大力发展新质生产力，加快制造业转型升级，以数字化、智能化改造提高制造业利润，对接高质量劳动力市场，借助国家"两重一新"战略机遇及 5G 等新一代信息技术，大力改善基础设施，畅通制造业高质量发展过程中的运输难、运费高等痛点和堵点，做大做强制造业，提升劳动力福利水平，拓展制造业劳动力就业空间，使劳动力"引得来、留得住"。要推动超大、特大城市调整完善积分落户政策，论证和推动长三角、珠三角等城市群率先实现户籍准入年限同城化累计互认。放开放宽除个别超大城市外的城市落户限制，深化户籍制度改革。健全统一规范的人力资源市场体系，营造公平的就业环境，进一步畅通劳动力和人才社会性流动渠道。通过促进教育公平、提高劳动者技能等措施，增强全体劳动者参与新产业新业态的能力，从而推动社会整体向更高水平的共同富裕迈进。

第二章

时代要求：为何提出新质生产力？

马克思主义认为,发展是生产力进步与人的发展的统一。立足于对人类社会发展一般规律的深刻把握,人的自由而全面发展是社会主义生产力发展的根本动力和最终目标。新质生产力是对传统生产力的继承与发展。从国内看,实现高质量发展是一个以质变替代过去量变积累的跨越过程。从国际看,当前全球科技创新和产业变革进入了空前的密集活跃期,新一轮科技革命和产业变革正在重构全球创新版图、重塑全球经济结构,我国亟须充分发掘生产力元素中的活跃成分,以生产力的质变实现高质量发展。

第一节 生产力发展的历史经验总结

生产力的发展推动着经济社会的进步,有什么样的生产力就会有什么样的经济社会状态。生产力的发展不是一成不变的,而是随着技术的进步不断提升的。高质量发展要求我们实现生产力的量变到质变的跨越。党中央指出,我国经济发展进入新常态,已由高速增长阶段转向高质量发展阶段,这对我国经济发展提出了更高的要求。一方面,我国面临着自然资源过度消耗、劳动力成本上升、社会竞争加剧等现实问题,拼资源、拼廉价劳动力的传统生产力发展方式已难以为继；另一方面，随着新一轮科技革命和产业变革深入发展，创新型人才建设、绿色生产力建设、保障和改善民生建设等新关切不断出现。在此历史契机下，推动生产力转型升级的需求日益凸显，新质生产力的提出正当其时。

一、传统生产力发展面临的现实困境

传统生产力在工业革命时代起到了推动经济社会发展的作用，但是当传统生产力发展遏制瓶颈时，也就是当经济社会发展到一定阶段时，传统生产力的优势就会丧失。如果不进行转型就会成为制约经济社会发展的障碍。

传统生产力在发展过程中遇到瓶颈。新质生产力是传统生产力的跃迁与升级，是在旧质生产力基础上形成的。生产力随着科学技术的不断进步而不断提高，当经济社会发展到一定阶段时，就会出现一些新的问题和挑战，如资源短缺、市场饱和、劳动力成本上升等问题。其原因有很多：一是资源短缺要求新质生产力转变资源利用方式。随着经济的快速增长和人口的持续增加，能源、水资源和原材料等资源面临着日益严重的短缺问题。而开发可再生能源、推广节能减排技术、实施循环经济模式等，可以有效缓解资源短缺问题，这为新质生产力的形成提供了契机。二是市场饱和问题亟待解决。随着市场竞争的激烈和消费需求的多样化，传统的生产方式和产品已经不能完全满足市场的需求，需要通过技术创新和产品升级来开拓新的市场空间。例如，利用智能制造技术提高生产效率和产品质量，开发符合消费者需求的个性化定制产品等，就是推动生产力发展的重要途径。三是劳动力成本上升的挑战。劳动力成本上升对传统生产方式构成了一定的压力，这是因为劳动力成本上升会挤压利润空间。解决这一问题需要通过引进自动化、智能化生产设备和机器人等新技术，提高生产效率，降低生产成本，以推动新质生产力的发展。可以说，新质生产力形成的基础和条件是达到一定水平的传统生产力。只有传统生产力发展到一定水平，新质生产力才有可能发展起来，才能进一步推动生产力的升级和进步。

但要注意到，传统生产力对新质生产力起支撑作用。新质生产力是以传统产业为载体进行创新和发展的，具体表现为：其一，传统产业为新质生产力提供了坚实基础。传统产业在长期的发展过程中积累了丰富的经验和资源，拥有完善的产业链条和市场网络。这些资源和经验为产品的研发和创新提供了重要支持，帮助新兴产业更快速地成长壮大。其二，传统产业还在人才培养和技术输出方面对新质生产力起到支撑作用。传统产业拥有丰富的技术人才和管理经验，可以为新兴产业输送高素质的人才和专业技术支持，推动新质生产力不断创新和发展。其三，传统产业与新兴产业之间存在着密切的产业联系与合作。传统产业通常具有规模化生产和市场影响力，能够为新质生产力提供稳定的需求和销售平台。同时，新兴产业的技术和创新也为传统产业带来了更新迭代的机会，促使传统产业不断优化，实现产业结构的转型升级。总之，传统生产力为加快形成新质生产力奠定了重要基础。

科学技术进步推动生产力发展。在人们认识自然与改造自然的具体劳动中，科学技术的作用逐渐凸显。自18世纪60年代开始，由力学和热力学发展所引发的第一次工业革命以蒸汽机的发明和应用为标志，在极大程度上推动了社会生产力的发展，资本主义的大规模机器生产取代了手工工具，推动了手工生产向机器生产转变，加快了工业革命的进程，开创了以机器取代手工劳动的新时代。机器作为新型生产工具取代了手工劳动，在很大程度上解放了劳动者的体力，大幅提升了劳动生产率。19世纪60年代后期，以电力技术的广泛应用为标志的第二次工业革命带来了近代技术的发展。电动机和机电控制装置的出现推动了生产的初步自动化，出现了诸如电解、电镀、电焊、电冶等新兴技术，围绕电力技术的发展形成新兴工业部门，开始成为社会生产的技术基础，促进了生产效率的提升和工业生产方式的转型，也对工业结构和经济格局产生了深远影响，为现代工业文明的崛起奠定了坚实基础。20世纪40年代以来，以原子能、电子计算机、空间技术和遗传工程等为标志的第三次工业革命，从根本上改变了物质生产的面貌。自动化机器设备不仅取代了相当比例的体力劳动，还替代了部分脑力劳动，进一步提高了生产率水平。新一轮科技革命和产业变革加速促进了新的生产力的形成和发展。可以说，历史上的产业变革都是有新的科学理论作为基础的，依靠科学技术创新促进生产力的迅速发展是一条普遍规律。新一轮科技革命和产业变革赋予生产力更多的时代特征，更显创新性、更具融合性、更体现新内涵、更符合高质量发展要求，实现了生产力的跃迁和质变。

二、新质生产力生产要素的有利重构

我们知道，劳动者、劳动资料、劳动对象是生产力三要素，它们是改善自然、影响自然并使之适应社会需要的客观物质力量。新质生产力的构建主要体现在以下三个方面。

第一，劳动者素质的提升。劳动者是"有目的的活动或劳动本身"的载体，即具有劳动能力的人。劳动者是生产力构成要素中的决定因素，任何先进的科学技术都是由劳动者发明创造的，任何先进的生产工具都是由劳动者制造和使用的，任何生产劳动都必须有劳动者的参与。没有劳动者，任何科学技术都不会出现，更谈不上进步，任何先进的生产工具都是一堆废物，任何产品都不会被生产出来。劳动者是生产力构成要素中唯一的"活"的要素。没有劳动者，就不会形成生产劳动，就没有一切。劳动者的生产知识、生产经验和劳动技能等，这些共同决定着劳动者素质的高低。劳动者的素质决定生产力的状况，高素质的劳动者与高水平的生产力是相匹配的。

新质生产力的出现要求有高素质劳动者。党的二十大报告指出，"教育、科技、人才是全面建设社会主义现代化国家的基础性、战略性支撑。必须坚持科技是第一生产力、人才是第一资源、创新是第一动力"。对于中国而言，新人口红利的形成需要将人口规模优势转化为人才优势，才能符合"以人口高质量发展支撑中国式现代化"的发展要求。一方面，我国拥有世界上最大的教育体系，有效地支撑了现代化的需要，但是在关键核心技术和颠覆性技术的创造中仍落后于发达国家，部分产业存在"卡脖子"风险。为此，要充分发挥人才资源的创造功能，将人口规模优势转化为人才优势，有效地驾驭新质生产力形成过程中的新元素。另一方面，人才的发展依赖于高质量就业的实现，更取决于产业升级所达到的层次。教育体系所培养的人才往往需要在社会分工中进一步发展，通过人与人之间、人与机器之间的高效协同才能推进生产经营方式的改进。

为此，要加强产业发展与人才队伍的匹配程度，使人才培养与生产力进步形成循环发展模式。

第二，劳动资料与产业体系深刻变革。马克思指出，劳动资料是划分人类社会生产力发展不同阶段的首要依据。"各种经济时代的区别，不在于生产什么，而在于怎样生产，用什么劳动资料生产。劳动资料不仅是人类劳动力发展的测量器，而且是劳动借以进行的社会关系的指示器。"[①]对于劳动资料而言，在不同的经济时代的表现是不同的。自然经济时代起到决定作用的是农业生产工具，工业经济时代则是以机器装备等为代表的固定资本，信息经济时代则进一步发展为集成电路、处理器、软件系统等控制单元。而无论是哪个时代，这些都是生产工具的代表。人和其他生物的区别就是人的劳动是在使用生产工具的条件下进行的。旧的落后的生产工具会逐渐被新的先进的生产工具所代替，生产工具的进步代表着生产力水平的提高与人类社会的进步。火的使用、弓箭的发明和使用，特别是广泛使用的石器是原始社会的代表性生产工具；铜制生产工具是奴隶社会的代表性生产工具；铁制生产工具是封建社会的代表性生产工具；资本主义社会是以复杂的机器体系作为标志的生产工具。生产工具突破了人自身的生理限制，因而提高了生产力水平。

生产关系最为集中的表现是在产业上。产业是经济之本，是生产力变革的具体表现形式，现代化产业体系是加快形成新质生产力的产业基础。当关键科学技术实现突破并发生质的变化时，必然会引发生产力核心要素的变化。习近平总书记指出："科技创新及其

---

① 《马克思恩格斯文集》第5卷，人民出版社2009年版，第210页。

第二章 时代要求：为何提出新质生产力？

成果决不能仅仅落在经费上、填在表格里、发表在杂志上，而要面向经济社会发展主战场，转化为经济社会发展第一推动力，转化为人民福祉。"①科技创新成果要想转化为新的经济增长点，必须依托产业。只有实现产业体系的持续升级，才能保持社会生产力的持续健康发展，新产业的持续涌现能够补齐产业体系中的短板弱项，现有产业的升级壮大能够延长产业体系中的长板长项。通过补短板、锻长板，实现现代化产业体系和新质生产力的均衡发展，不断开辟出生产力发展的新赛道，为新质生产力的形成和发展持续赋能。

第三，劳动对象的改变与新技术的突破创新。人类社会生产力进入新阶段的第一重特征是劳动对象的质变。在自然经济时代，劳动对象以土地、林木、矿产等天然存在的物质为主，"土地（在经济学上也包括水）最初以食物，现成的生活资料供给人类，它未经人的协助，就作为人类劳动的一般对象而存在。所有那些通过劳动只是同土地脱离直接联系的东西，都是天然存在的劳动对象"②。在工业经济时代，劳动对象则普遍发展为凝结了人类一般劳动的产品，正如马克思描述17世纪甚至更早的生产过程时指出："在采掘工业中，劳动对象是天然存在的……除采掘工业以外，一切产业部门所处理的对象都是原料，即已被劳动滤过的劳动对象，本身已经是劳动产品。"③20世纪60年代后，信息技术革命实现了对知识、技术等难以实体化生产要素的信息化处理，将其编码后储存在特定介质中，成为可被改造的劳动对象。

---

① 《习近平关于社会主义经济建设论述摘编》，人民出版社2017年版，第132页。
② 《马克思恩格斯选集》第2卷，人民出版社2012年版，第170页。
③ 《马克思恩格斯文集》第5卷，人民出版社2009年版，第212页。

不断涌现和群体性突破的新技术推动了人与社会的进步和发展，也表现了科技创新的活跃态势，这将为我国经济的可持续发展和新型产业的崛起提供有力支撑。因此，只有不断提升科技创新能力，不断推动新质生产力的形成，才能在全球科技竞争中保持领先地位，实现经济持续增长和可持续发展。当今世界，主要发达国家都把推动前沿技术创新作为抢占科技制高点和开辟新赛道的主要路径。目前我国在人工智能、量子计算、空间技术、合成生物学等领域取得重大进展，部分先进技术已具备产业化基础，为新质生产力的形成奠定了良好的科技基础。但我国在前沿技术突破方面仍面临原始创新能力不强、国际打压遏制环境尚未根本改变等问题，而这恰恰是我们迫切需要解决的。

三、新生产要素不断涌现带来新赛道

以知识、人才、技术为主的创新驱动需求日益显现。国研新经济研究院创始院长朱克力用"一核两翼"来描述新质生产力，"两翼"的一侧是科技创新发展，另一侧则是人力资本跃升。人是生产力的创造者，是生产力生成中最活跃、最具决定意义的能动主体，而新型人才是新质生产力生成的关键性因素，战略性创新人才逐渐成为加快形成新质生产力的重要支撑。面对劳动力成本上升、人口老龄化、劳动力市场供需关系变化等带来的挑战，加快形成新质生产力需要引入自动化、智能化生产设备和先进技术及其配套人才，以提高生产效率，降低生产成本，从而维持企业的竞争力。随着数智技术的运用，劳动分工、劳动力结构及劳动方式等方面发生了根本性的变化。这一技术能在短时间内复制并扩大劳动行为，执行那些超出了人类体力和脑力能力范围的任务，从而形成了在多方面超越传统人类劳动力的"新质劳动力"。我国劳动力人口受教育程度不断提高，人口素质的不断提高将促进劳动者从要素驱动转化为创新驱动。基于此，新质生产力更强调数智技术与劳动要素的深度结合，打造具有深度学习和自我学习能力的高素质劳动者。

绿色发展是高质量发展的底色，是新一轮科技革命和产业变革中最富前景的发展领域。党的二十大报告提出："推动战略性新兴产业融合集群发展，构建新一代信息技术、人工智能、生物技术、新能源、新材料、高端装备、绿色环保等一批新的增长引擎。"西方工业文明先污染后治理带来的严重负面效应，也让中国清醒地认识到这种道路不可持续。绿色生产力突破了西方工业文明单纯以追求资本利润为目标的生产模式，走出了一条破解资本与自然力关系难题的生态文明新道路。"劳动首先是人和自然之间的过程，是人以自身的活动来中介、调整和控制人和自然之间的物质变换的过程"[1]，绿色生产力倡导保护生态环境就是保护生产力，树立人与自然和谐共生的系统思维，构建实现经济增长与生态文明建设的双向运行机制。基于此，新质生产力要求我们对生产力进行绿色化的重新认识，不应仅仅注重人类改造自然的能力，应更强调人与自然和谐共生的能力，坚持生态优先，牢固树立和践行绿水青山就是金山银山的理念，加快绿色科技创新和先进绿色技术应用。

关注人的需求和福祉日益成为生产力发展的价值旨归。充分回应与关注人的需求，让人民共享经济发展的成果，将成为新质生产

---

[1] 《马克思恩格斯文集》第5卷，人民出版社2009年版，第207—208页。

力的重要出发点与落脚点。2024年3月5日，习近平总书记在参加十四届全国人大二次会议江苏代表团审议时强调："要坚持以人民为中心的发展思想，在发展中稳步提升民生保障水平，引导激励广大群众依靠自己的双手创造幸福生活。"以习近平同志为核心的党中央坚守人民对美好生活的向往就是我们的奋斗目标的信念，从人民群众最关心最直接最现实的利益问题入手，一件事情接着一件事情办，让人民群众的获得感更足、幸福感更可持续、安全感更有保障，习近平总书记对民生的重要期盼与部署成为保障和改善民生的关键。应坚持以人民为中心的发展思想，抓紧补齐民生短板，持续增进民生福祉，不断增强人民群众的获得感、幸福感、安全感，实现推动高质量发展的最终目标。

第二节　发展新质生产力应对现实境遇

一、加快形成新质生产力的迫切之需

新质生产力作为解决当前发展不平衡不充分问题的关键，具有重要的战略意义。通过技术变革和创新，新质生产力可以提升整体经济效率和竞争力，从而推动经济增长。引领新型产业和业态的发展，加速数字化、智能化转型，将为经济注入新的活力和动力。新质生产力可以通过统筹城乡发展、区域发展和收入分配，解决发展不平衡问题。促进城乡一体化发展，推动区域协调发展，实现资

源、产业、人才等要素的优化配置，缩小地区间发展差距，提高全民收入水平，实现共同富裕。新质生产力还可以通过集约生产和绿色生产实现发展与环境保护的协调统一。倡导绿色低碳发展理念，推动资源节约和循环利用，减少环境污染和生态破坏，实现经济增长与生态环境保护的良性互动，为可持续发展打下坚实基础。新质生产力也能通过供给侧结构性改革和民生保障满足人民美好生活需要。加快推进新质生产力的发展，不仅是经济转型升级的需要，也是解决当前发展不平衡不充分问题的关键路径。

传统发展方式在推动我国经济发展方面发挥了巨大作用，但也难以适应经济新常态的需要，面临着一系列挑战和困境。改革开放后，我国通过廉价劳动力和制造业的规模化发展取得了巨大的成功。然而，这种发展方式也带来了资源消耗过大、环境污染严重、人力成本上升等一系列问题，必须对传统的发展模式进行转型升级才能满足社会经济的需求。一要加大对科技创新的支持和投入。鼓励企业增加研发投入，提高创新能力，培育和引进高端人才，激发创新活力。二要加快推动产业结构的转型升级，推动新兴产业的发展。如加强传统产业的改造和升级，提高整体产业链的质量和效益；加强对战略性新兴产业的扶持，培育壮大具有国际竞争力的优势产业。三要加强人力资源的培养和开发。应加大对教育的投入，提高教育质量，加强职业教育和技能培训，提高劳动者的技能水平。四要加强政府引导和支持。政府要积极制定和完善相关的政策，为科技创新提供更好的环境和条件。政府可以通过减少行政审批、简化审批流程、降低市场准入门槛等方式来鼓励创新创业。同时，加大对中小企业的扶持力度，为其提供更多的金融支持和政策优惠。

新质生产力与新发展理念以及高质量发展的结合，进一步凸显了中国经济发展的战略定位和方向。新质生产力的不断提升为新发展理念提供了实质性的支持，使得经济增长更加注重质量和效益，而非简单地追求规模和速度。这种转变为中国经济走向高质量发展提供了坚实基础。新质生产力的发展也为新发展理念中的创新驱动、绿色发展等提供了实际的技术支撑。通过技术创新，可以减少资源消耗，提高生产效率，促进环境友好型发展，从而实现经济增长与生态文明建设的良性循环。新质生产力的发展还为高质量发展提供了更多的可能性和机遇。通过技术创新和提质增效，可以不断提升产品和服务的品质，满足人民日益增长的美好生活需要，推动经济向着更高层次、更高品质发展。新质生产力与新发展理念以及高质量发展密切相关，并相互促进、相互支持。它们共同构成了中国经济发展的新引擎和新动力，为实现经济持续健康发展、提升国家整体竞争力提供了重要保障。在新时代，新质生产力与新发展理念以及高质量发展的有机结合将成为中国经济发展的主题和主线。

二、加快形成新质生产力的有利条件

中国共产党为发展新质生产力提供坚强的组织保障。中国共产党作为中国工人阶级的先锋队、中国人民和中华民族的先锋队，作为马克思主义政党，始终代表中国先进生产力的发展要求。新质生产力是中国共产党人在新的时代背景下提出的生产力创新理论，是中国共产党引领经济社会发展作出的新的时代判断，要发挥好新质

第二章 时代要求：为何提出新质生产力？

生产力的引领作用就必须始终坚持党的领导。中国共产党始终代表中国先进生产力的发展要求，并承担着推动科技创新和理论创新、引导当代中国先进生产力发展、追赶世界先进生产力发展潮头的任务。新时代要想赢得优势、赢得主动、赢得未来，必须发展新质生产力，把科技创新作为发展的不竭动力和源泉，并作为打造国家核心竞争力的关键。党的二十大报告提出："深入实施科教兴国战略、人才强国战略、创新驱动发展战略，开辟发展新领域新赛道，不断塑造发展新动能新优势。"这深刻体现出中国共产党对科技推动生产力发展的规律性认识。

中国特色社会主义制度特有优势促进新质生产力的发展。突破生产力发展的桎梏，调和生产力和生产关系之间的矛盾，必须调整生产关系，为先进生产力的形成和发展提供新的动力。这需要坚持中国特色社会主义制度，不断完善社会主义市场经济体制，使之更加符合新质生产力的发展要求。传统举国体制主要依靠行政手段调配生产要素资源，我国初步建立起完整的工业体系，为生产力的发展奠定了坚实基础。随着改革开放的推进和社会主义市场经济体制的建立，传统举国体制难以适应社会主义市场经济的变化，不利于生产力水平的进一步提高。新型举国体制作为中国特色社会主义市场经济下资源配置的创新形式，既不同于以往单纯依靠行政命令在全国范围内统一调配各类资源的传统举国体制，又不同于西方现代化道路依靠放任自流的自由市场实现资源配置的体制，而是能够凝聚政府和市场等多元主体强大力量的组织模式和运行机制。可以说，新型举国体制能够最大限度地整合科技创新资源，为新质生产力的形成提供体制保障。

新质生产力：高质量发展的新引擎

改革开放为加快形成新质生产力奠定了坚实的物质基础。新中国成立70多年特别是改革开放以来，我国用几十年时间走完了发达国家几百年走过的工业化进程，社会生产力得到极大解放和发展，经济实力和综合国力显著增强，创造了经济快速发展和社会长期稳定的两大奇迹。在过去的几十年中，我国成为全球制造业的中心，拥有众多世界级产品和技术；我国科技创新能力不断提高，特别是在人工智能、5G通信、航天技术等领域取得重要进展，成为世界第一大出口国和第二大进口国，对世界经济贡献巨大。然而，我国在科技创新、产业核心竞争力等方面与世界发达国家还有不小的差距，还有不少制约我国经济发展的"卡脖子"技术没有突破，依赖国外市场。

加快形成新质生产力是全面推进中国式现代化的战略安排。马克思认为："一个工业民族，当它一般地达到它的历史高峰的时候，也就达到它的生产高峰。"[1] 这表明，一个民族、一个国家的社会生产力质量和发展水平是与其历史地位相当的。习近平总书记指出，"实现社会主义现代化，实现中华民族伟大复兴，最根本最紧迫的任务还是进一步解放和发展社会生产力"[2]，而新质生产力是在中国式现代化建设的语境下对马克思主义生产力理论作出的体现时代特征的最新解读。追求生产力水平的总体跃升和整体改善是中国式现代化的重要表征之一。从内部环境看，全面建成社会主义现代化强国，实现中华民族伟大复兴，需要寻找促进经济恢复和转型发展的新路径。党的二十大擘画了全面建成社会主义现代化强国的目

---

[1] 《马克思恩格斯全集》第30卷，人民出版社1995年版，第27页。
[2] 《习近平谈治国理政》第1卷，外文出版社2018年版，第92页。

标书和路线图,能否如期实现这个宏伟蓝图关键在于经济转型发展,而经济转型发展目前遇到的困难和挑战直接指向了生产力问题,这必然要求遵循经济发展规律,准确识变、科学应变、主动求变,寻找发展新质生产力的路径。可以说,新质生产力是当前及今后一个时期促进我国经济恢复和转型发展的必然要求。

第三节 发展新质生产力顺应国际历史趋势

发展新质生产力顺应当今世界发展的历史趋势。首先,面对世界百年未有之大变局,新质生产力应运而生,适应全球化挑战,优化产业链并提高资源利用效率。其次,发展新质生产力是数字经济和数字技术发展的必由之路,依托数据驱动和信息共享,实现智能化生产和协同合作。最后,新质生产力把握新一轮科技革命和产业变革的新机遇,通过创新引领和产业融合,激发创新活力,推动产业结构优化和升级。这些有利条件使得新质生产力为经济社会发展注入新的活力和动能。

一、应对世界百年未有之大变局的新要求

技术创新成为国际竞争的关键一环。通过加强科技创新,推动新技术、新产品和新商业模式的发展,不仅能够提升产业竞争力,还能够增强适应全球化挑战的能力。首先,技术创新是推动新质生产力形成的重要引擎。随着科技的不断发展,新一代信息技术、人

新质生产力：高质量发展的新引擎

工智能、物联网等领域的突破性进展为生产力的升级提供了丰富的可能性。例如，基于大数据和人工智能的智能制造、自动化生产线和智能供应链管理等，都将成为新时代生产力的重要组成部分。因此，加强科技创新能够推动新技术在生产领域的广泛应用，从而提升整体产业的竞争力。其次，技术创新有助于推动新产品和新商业模式的发展。随着消费需求和市场变化，以及环保、可持续发展等趋势的不断涌现，新的产品与商业模式应运而生。例如，以新能源、智能家居、绿色环保为核心的新型产品市场不断扩大，而共享经济、数字化服务等新型商业模式也为生产力的转型注入了新的动力。因此，通过技术创新，不仅可以开发出更具竞争力的新产品，还可以孵化出更符合时代需求的新商业模式，为产业的发展带来新的机遇。最后，技术创新还能够提升产业适应全球化挑战的能力。在全球化的背景下，各国之间的产业链愈加紧密，市场竞争日益激烈。只有通过不断创新，提升产品品质、降低成本、提高效率，企业才能在全球产业链中立于不败之地。技术创新不仅可以提高整体产业的竞争力，还能够帮助企业更好地适应全球化所带来的挑战，抓住机遇，实现更好的发展。

数字化转型成为世界百年未有之大变局的重要趋势。推动企业数字化转型可以提高生产过程的智能化水平，实现生产过程的精细化管理和高效运作，从而促进产业升级、提升竞争力，适应全球化挑战。首先，企业数字化转型可以加速生产过程的智能化升级。通过应用物联网、大数据分析、人工智能等先进技术，企业可以实现设备之间的数据交互和信息共享，建立智能化生产系统。这样一来，生产过程中的各个环节可以实现自动化控制和优化调度，提高生产效率、降低成本，同时也提升产品质量和生产安全性。其次，数字化转型可以实现生产过程的精细化管理。通过数字化技术，企业可以实时监测生产数据、分析生产效率和质量指标，及时发现问题并采取措施进行调整。同时，数字化管理系统还可以实现生产计划的精准调度，优化资源配置，提高生产灵活性和响应速度，适应市场需求的快速变化。最后，数字化转型还可以实现生产过程的高效运作。通过数字化技术，企业可以建立全面的信息化平台，实现生产数据的集中管理和共享，消除信息孤岛，提高决策效率。同时，数字化转型还可以支持远程监控和远程操作，实现生产过程的远程管理，节约人力成本，提高生产运作的效率和安全性。

高素质人才培养成为应对世界百年未有之大变局的关键。加快形成新质生产力是应对世界百年未有之大变局的新要求，其中人才培养是至关重要的方面。加强人才培养和引进，培养符合新时代需求的高素质人才，可以推动新质生产力的发展和应用，为产业升级和全球化竞争提供有力支撑。第一，加强人才培养可以促进新质生产力的创新发展。新时代需要具备跨学科知识、创新能力和实践能力的高素质人才，能够适应快速变化的市场环境和科技进步。通过加强人才培养，培养出具备前沿科技知识和实践经验的人才，可以推动新技术的研发和应用，促进生产方式的转型升级，推动新质生产力的不断涌现。第二，引进高端人才也是推动新质生产力发展的重要手段。通过引进国内外高水平的科研人才、技术专家和管理精英，可以引入先进理念、技术和管理经验，推动企业和产业的创新发展。这些高端人才能够带来新的思路和方法，激发团队创新活力，提升人才队伍的整体素质和竞争力，从而推动新质生产力的发展和应用。此外,加强人才培养可以提升企业的核心竞争力。高素质的人才是企业发展的重要资源,他们具备创新能力、团队合作能力和问题解决能力,是推动企业持续发展和壮大的关键。通过持续的人才培训和提升,企业可以建设高效的团队,推动生产过程的优化和提升,实现新质生产力的持续提升。

当前,中国面临着贸易保护主义的阻碍和世界局势动荡不安的影响,加快形成新质生产力是中国经济减少外部冲击、实现行稳致远的最优选择。当今世界正在经历新一轮大发展大变革大调整,各国经济社会发展联系日益密切,全球治理体系和国际秩序变革加速推进。同时,世界经济深刻调整,单边主义、保护主义抬头,经济全球化遭遇波折,多边主义和自由贸易体制受到冲击,不稳定不确定因素依然很多,风险挑战加剧。受单边主义、保护主义以及新冠疫情的影响,全球经济复苏疲软,动力不足,不少新兴市场国家和发展中国家经济持续低迷,世界经济还没有找到全面复苏的新引擎。当前,全球面临技术革命和数字化、绿色化转型的时代大潮,世界经济复苏和经济增长的新引擎,必然是由新技术带来的新产业和形成的新质生产力。一方面,以数字化、智能化为特点的新一轮科技革命不断深化,中国只有坚持以新质生产力为核心,深化产业结构调整,吸引全球优质资源,才能培育开放发展的新动能,打造开放发展的新优势;另一方面,国际贸易摩擦不断出现,逆全球化趋势明显,中国在对外贸易中由于关键核心技术存在短板,面临"卡脖子"风险,必须加快推动形成新质生产力,加快核心技术研发,提高科技供给体系质量和抵御风险能力,实现中国在全球价值链中的地位攀升。

二、顺应数字经济和数字技术的发展

数字经济助力新质生产力的创新发展。在当前数字经济和数字技术快速发展的背景下，人工智能、大数据分析、物联网等新兴技术的广泛应用为企业提供了更多创新机会。这些技术的引入不仅令生产力有望实现跨越式提升，而且有望加速生产过程的自动化和智能化，为生产模式和商业运营带来全新的变革。第一，人工智能的广泛运用使得机器能够模拟人类的智能行为，自主地进行学习、推理和决策，从而实现生产流程的智能化管理。通过机器学习算法的不断优化，企业可以实现生产过程中的智能监控、预测和优化，提高生产效率和产品质量。第二，大数据分析技术的应用使企业能够更好地理解海量数据背后的规律和趋势，为决策提供更有力的支持。通过对数据的挖掘和分析，企业可以更精准地把握市场需求，优化产品设计和营销策略，实现个性化定制生产，提升市场竞争力。此外，物联网技术的普及连接了各种设备和物品，实现了设备之间的信息共享和互联互通。通过物联网技术，企业可以实现生产设备的远程监控和智能调度，提高生产效率和资源利用率，减少人为干预，降低生产成本。

数字技术赋能新质生产力效率生产革命。数字经济和数字技术的广泛应用对企业的生产和管理效率提升起到了至关重要的作用。通过数字化生产、智能制造以及实时数据分析等手段，企业能够更有效地调配资源、优化生产流程，从而降低生产成本、提高产品质量和生产效率。第一，数字化生产在生产过程中引入了数字技术，使得生产环节更加智能化和自动化。通过数字化生产，企业可以实现生产过程的实时监控和调整，提高生产效率并减少人为错误。例如，通过传感器和自动化设备的应用，企业可以实现生产线的自动化运行，减少人力成本，同时提高生产效率和产品质量。第二，智能制造的应用使得生产过程更加智能化和高效化。借助人工智能技术，企业可以实现智能生产计划、智能物流管理等功能，从而提高生产效率和资源利用率。智能制造还可以帮助企业实现定制化生产，满足不同客户的个性化需求，提升市场竞争力。此外，实时数据分析技术的运用使企业能够更快速地获取并分析生产过程中的数据，及时发现问题并采取相应措施。通过实时数据分析，企业可以实现生产过程的优化调整，预测潜在风险，提高生产效率和产品质量。同时，数据分析也可以帮助企业更好地了解市场需求，优化产品设计和营销策略，提高市场反应速度。

数字技术赋能新质生产力智能生产革命。数字经济和数字技术的迅速发展为企业提供了实现个性化定制生产的重要机遇。第一，通过对大数据的分析，企业可以了解消费者的偏好、购买习惯、行为特征等信息，为个性化定制生产提供数据支持和指导。这种精细化的市场分析有助于企业开发出更符合消费者需求的个性化产品和服务，提高客户满意度和忠诚度。第二，数字经济时代的到来为企业提供了更多与消费者直接互动的渠道，使得个性化定制生产更加可行和便捷。通过社交媒体、电子商务平台等数字化渠道，企业可以与消费者进行实时互动和反馈，了解其需求变化和反馈意见。基于这些数据，企业可以及时调整产品设计、生产流程等环节，实现更贴近消费者需求的个性化定制生产，减少库存和运输成本，提升市场竞争力。此外，数字技术的进步也为企业提供了更多个性化定制生产的技术支持。例如，通过3D打印技术，企业可以实现按需定制产品，根据客户的具体要求和设计定制生产，减少库存和运输成本，满足不同客户的个性化需求。同时，物联网技术的应用也为个性化定制生产提供了更多可能性，实现产品与用户之间的智能互联，提供个性化定制的智能化体验。

数智技术通过深化劳动分工、优化劳动力供给结构，提升生产力各要素的功能。首先，数智技术能够在较短时间内大规模复制劳动行为，执行和完成人类能力包括体力、脑力所不能完成的任务，创造出一种在很多方面高于人类劳动力的"新质劳动力"，优化了劳动力的供给结构。其次，数智技术应用显著提升了生产的数字化、自动化和智能化水平，降低了对低技能劳动力的依赖，由此形成对部分劳动力的替代。数智技术的不断迭代升级，进一步实现了对人类脑力和高技能劳动力的替代，机器学习、深度学习的不断发展，拓展了劳动力供给的范围，从总体上提升了包括劳动者体力、脑力、智力在内的综合能力。最后，数智技术应用不断拓展了劳动对象的应用范围。随着数字化、智能化技术的发展，大量原来不属于劳动对象的物质转变成为劳动对象。

数字产业化过程产生的大量新产业新业态新模式，为新质生产力的形成提供了强大的产业基础和驱动力。在数字经济时代，一大批以数智技术应用为基础衍生发展起来的新产业新业态新模式不断涌现，由此形成以战略性新兴产业和未来产业为主要内容的新型产业体系，并表现出显著的高成长性、高效率性和强竞争力，为形成新质生产力提供强大的产业基础和驱动力。《中华人民共和国国民经济和社会发展第十四个五年规划和2035年远景目标纲要》提出：

"在类脑智能、量子信息、基因技术、未来网络、深海空天开发、氢能与储能等前沿科技和产业变革领域，组织实施未来产业孵化与加速计划，谋划布局一批未来产业。"加快发展战略性新兴产业和前瞻布局未来产业，将为我国新质生产力的形成提供源源不断的驱动力。

三、把握新一轮科技革命和产业变革的新机遇

随着新一轮科技革命和产业变革加速演进，大国竞争日益激烈，以美国为首的西方国家试图利用掌握核心技术的垄断优势，对中国科技进步采取禁用、断供、打压等策略，以不公平的手段拖慢我国在新一轮科技革命和产业变革中的发展，用"卡脖子"的方式遏制中国科技的崛起。针对我国关键核心技术受制于人的局面，我国也开始从高速增长阶段转向高质量发展阶段，加快转变经济发展方式。由高投入、高消耗、高污染、低效益、不可持续的传统工业化向经济效益好、资源消耗低、环境污染少、人力资源优势得到充分发挥的新型工业化转型升级，必须依靠创新驱动。新一轮科技革命和产业变革加速演变、大国竞争加剧以及我国经济发展方式转型在当下形成的历史性交汇，是挑战更是机遇。

技术创新环境的不断完善为新技术的涌现和应用奠定了坚实基础。首先，政策法规的完善对促进科技创新起到了重要作用。通过政策引导和支持，企业和科研机构更容易获得资金和资源，从而鼓励他们投入更多智力进行科技创新。其次，知识产权保护机制的完善为科研人员提供了更大的保障，激励他们进行更大胆的创新尝试。这一机制还吸引了更多资本参与科技创新，推动了科技成果的

转化和应用。最后，加强基础研究和应用研究为新技术的涌现提供了理论和实践基础。基础研究的深入探索为科技创新提供了更多可能性，而应用研究则将科研成果转化为实际生产力，促进了新技术的广泛应用。总体来看，这些因素共同作用，为技术创新提供更有利的环境，为新的生产力的形成和发展奠定了扎实的基础。

产业的协同发展是推动不同行业间融合创新的重要动力，促进跨界合作，形成产业链、价值链共同发展的良好格局。首先，不同行业之间的融合创新为知识和技术交叉传播提供了更广泛的平台。不同行业的专业知识和技术在交叉融合中相互借鉴，激发了新的创新思路和方法，推动了科技成果的跨领域应用。其次，跨界合作带来了资源共享和优势互补的效果。不同行业之间的合作可以整合各自的资源和优势，提高创新效率和水平，加速新产品和新技术的研发和推广。这种合作模式还有助于降低成本和风险，并拓展市场空间，实现多方共赢。最后，形成产业链、价值链共同发展的良好格局有利于整个产业体系的协调运作和持续发展。产业链上下游环节的有机衔接和协同配合，促进了资源、信息和价值的流动，提升了整个产业链条的效益和竞争力。这种共同发展的格局也有利于打破行业壁垒，促进产业结构的优化和升级，推动经济持续健康发展。总的来说，产业的协同发展为不同行业间的融合创新和跨界合作提供了有力支持，形成了良性循环的发展格局，推动了产业链、价值链的共同发展，为整个产业体系的协同发展注入了新的活力和动力。

国际合作交流是推动新质生产力形成和进行科技创新的重要动力之一，积极参与国际科技创新合作为借鉴和吸收国际先进技术和

新质生产力：高质量发展的新引擎

管理经验提供了重要渠道，同时也拓展了市场和合作空间，促进了新的生产力的形成。首先，通过国际合作交流，我国能够与世界各国分享科技创新成果和管理经验，加速信息和技术的传播和应用。借鉴国际先进技术和管理经验，有助于弥补我国在某些领域的短板，提升我国科技创新和产业发展水平，推动国内技术和管理的不断进步。其次，积极参与国际科技创新合作可以促进我国企业"走出去"，拓展海外市场和合作空间。通过国际合作交流，我国企业可以获取更多的商机和资源，拓宽销售渠道，提升产品和服务的国际竞争力，拓展更广阔的发展空间。这种国际化的合作模式也有利于推动我国产业结构的升级和转型，促进产业的国际化发展。最后，国际合作交流还可以促进人才的跨境流动和合作，激发创新活力，推动科技成果的转化和应用。国际合作交流为人才提供了更广阔的舞台和机会，促使他们在全球范围内开展合作研究和项目，共同攻克科技难题，推动技术创新和产业发展。国际合作交流还有助于构建开放型的创新生态系统，促进全球科技创新资源的共享和整合，形成更加开放和包容的国际科技创新环境。总的来看，国际合作交流为我国科技创新和经济发展提供了重要支持和机遇，通过积极参与国际科技创新合作，我国能够借鉴国际先进经验，拓展市场和合作空间，推动新的生产力的形成，促进经济持续健康发展。

自20世纪90年代以来，互联网、大数据、云计算、人工智能等新一代信息技术蓬勃发展，相关产业和技术不断深度融合和交叉渗透，新产业新业态层出不穷。与此同时，大国博弈日趋激烈，地缘冲突不断加剧，科技创新成为各国在变局中占据领先优势的关键。谁在关键核心技术和颠覆性技术方面率先取得突破，率先形成、发展新质生产力,谁就能够塑造未来发展新优势,赢得全球新一轮发展的主动权。随着世界百年未有之大变局的加速演进,特别是中国在经济与科技各领域的全面崛起,科技创新作为应对世界秩序变革和提升自身实力的主要手段成为中美战略博弈的主战场。适应新一轮科技革命和产业变革,面向前沿领域及早布局,提前谋划获取原创性、突破性技术,夯实未来发展的科技与产业基础,形成并发展新质生产力,实现传统生产力向新质生产力的过渡转化,是不容错过的重要战略机遇,更是抢占发展制高点、培育竞争新优势、蓄积发展新动能的先手棋,具有深远的现实战略意义。

第三章

理论渊源：新质生产力源自哪里？

生产力是马克思主义政治经济学理论中的一个核心概念，生产力就是劳动创造使用价值的能力，反映的是人与自然的关系。新质生产力是在习近平总书记准确研判世界经济发展的历史阶段和现实经济现状的基础上凝练而提出的，既传承了马克思主义生产力理论，又是马克思主义基本原理同中国具体实践相结合的理论体现；既是对科学技术推动生产力发展的历史生成新阶段的综合研判，也是促进中国对人类未来新产业逐步涌现、加速成长和逐步发展壮大的重要指引。

第一节　理论逻辑：新质生产力是对马克思主义生产力理论的传承和发展

生产力是不断实践发展变化的。马克思、恩格斯认为，生产力是人的因素与物的因素的统一，强调科学技术对于提升生产力的重要推动作用。马克思指出："劳动生产力是随着科学和技术的不断进步而不断发展的。"[1]"人们为了能够'创造历史'，必须能够生活。但是为了生活，首先就需要吃喝住穿以及其他一些东西。因此

---

[1] 《马克思恩格斯文集》第5卷，人民出版社2009年版，第698页。

新质生产力：高质量发展的新引擎

第一个历史活动就是生产满足这些需要的资料，即生产物质生活本身"[1]。党的二十大报告强调，"教育、科技、人才是全面建设社会主义现代化国家的基础性、战略性支撑"，极大地丰富和发展了马克思主义生产力理论。生产力不是静止僵化的，而是"质"与"量"的统一。可以说，马克思主义生产力理论揭示了生产力的内涵与本质，新质生产力继承与创新发展了马克思主义生产力理论，是生产力系统理论和发展理论的升华，是马克思主义生产力理论在当代中国的创造性运用和深化发展。[2]

一、马克思主义生产力理论

从社会主义发展历史来看，生产力概念是在古典经济学的嬗变和发展的语境中生成的。亚当·斯密、李嘉图、萨伊、西斯蒙第、汤普逊、李斯特、穆勒、布罗代尔等西方学者都对生产力进行了丰富的论述。马克思、恩格斯在上述西方学者关于生产力研究成果的基础上，创立了马克思主义政治经济学。马克思从批判古典政治经济学的角度出发，在《1844年经济学哲学手稿》中首次提到生产力，后来在《布鲁塞尔笔记》和《曼彻斯特笔记》中，从哲学和经济学双重维度考察生产力概念。在《德意志意识形态》中，马克思、恩格斯认为，在人们的生产力发展的一定状况下，就会有一定的交换和消费形式。在生产、交换和消费发展的一定阶段上，就会有相应的社会制度、相应的家庭、等级或阶级组织，一句话，

---

[1]《马克思恩格斯文集》第1卷，人民出版社2009年版，第531页。
[2] 袁银传、王馨玥：《论新质生产力的内涵、特征和意义——兼论马克思主义生产力理论的创新发展》，《青年学报》2024年第1期。

第三章　理论渊源：新质生产力源自哪里？

就会有相应的市民社会。有一定的市民社会，就会有"不过是市民社会的正式表现的相应的政治国家"①。由此，马克思描绘了一个关于生产力和生产关系的思想大厦。从中也可以看出，马克思强调的生产力的出发点，应当是人们实际生活过程本身。回顾人类经济文明发展历史，任何生产力表征的都是人们的实际生活过程本身。马克思运用辩证法分析生产力，他认为每一个时代的个体都不能凭借想象力生成生产力，它是客观现实的。在马克思那里，生产力跟生产方式、劳动者、社会形式、资本等构成了一座丰富的经济学思想大厦，它突破了人们原有的政府与市场两维度的思考框架。正如马克思、恩格斯在《德意志意识形态》中所指出的，"历史的每一阶段都遇到一定的物质结果，一定的生产力总和，人对自然以及个人之间历史地形成的关系，都遇到前一代传给后一代的大量生产力、资金和环境，尽管一方面这些生产力、资金和环境为新的一代所改变，但另一方面，它们也预先规定新的一代本身的生活条件，使它得到一定的发展和具有特殊的性质"②。马克思对现实经济问题进行深入思考，从生产力概念引出的经济学线索，始终贯穿马克思的思想形成的全过程。

新质生产力概念的生成土壤是人类经济生产要素已经突破原来传统生产要素的生产环境，如土地、原材料、机器等。当前，呈现的是新的经济生产环境。知识、技术、管理、数据等要素在经济生产领域中的活力被激发，形成了网络营销、电子商务营销、短视频营销、大数据营销等诸多新的消费和营销方式。流量、数据、留存率

---

① 《马克思恩格斯文集》第10卷，人民出版社2009年版，第43页。
② 《马克思恩格斯文集》第1卷，人民出版社2009年版，第544—545页。

以及点击率等各类指标成为人们经济行为的考察标准。马克思主义认为，生产过程是人的一种主体活动能力的体现。个体在占用并使用工具的过程中，有选择地改变外在自然因素，影响土壤、机器、技术等生产力因素。

马克思强调的人类的"两种生产"，统一于社会结构和形态的变化进程之中。新质生产力并非简单地实现"质"和"量"的新拼接，而是知识、数据、技术等要素的价值的综合性合成。马克思认为，任何新的生产力都是确认一种"个体自身能力创造的活动"，任何新的生产力都不能简单地从数量积累、财富多少等层面衡量，要从客观的历史环境中考察人的本质力量的积聚。习近平总书记关于新质生产力的系列重要论述正是在继承马克思关于生产力的重要观点基础上的创新性发展。新质生产力的形成除了强调个体创造能力，还重视数据、科技、知识等因素的影响力量。习近平总书记关于新质生产力的系列重要论述正是从马克思主义生产力理论中汲取养分，并结合中国式现代化经济发展趋势而提出的。

二、马克思主义生产过程理论

以往经济学家只注重商品的分配领域研究，忽视了生产、交换、消费领域的研究。马克思主义政治经济学以商品为研究起点，不但将研究领域放在分配领域，更加注重生产、交换、消费领域。正是在各环节的研究中，马克思主义对资本主义生产关系进行了全方位的研究，并发现了资本主义剩余价值生产的秘密。剩余价值绝不产生于物品本身价值，而是从商品的使用中产生的，"货币占有者在市场上找到了这样一种特殊的商品，这就是劳动能力或劳动力"①。通过观察劳动力商品的使用,马克思发现了资本主义劳动生产过程中的两个特殊现象:一是工人在资本家的监督下劳动,他的劳动属于资本家;二是产品是资本家的所有物,而不是直接生产者工人的所有物。雇佣工人在资本家的安排下从事生产性劳动,使用由资本家提供的机器、厂房、原始材料等,劳动成果也被资本家占有。为产出更多的剩余价值,作为雇佣工人生产过程的实际控制者,资本家不断延长工人的劳动时间,力求加大工人的劳动强度,使工人在不断增加的剩余劳动时间中进行剩余价值生产。正如马克思所说,"在资本主义生产的历史上,工作日的正常化过程表现为规定工作日界限的斗争,这是全体资本家即资本家阶级和全体工人即工人阶级之间的斗争"②。

马克思对资本主义所有制私有性质的阐明,揭示了资本主义社会不可调和的阶级矛盾。马克思主义认为,历史上每一个社会制度的演进,都具有相较于先前社会制度的进步性,同时具有相较于其后社会制度的落后性,资本主义制度也不例外。资本主义制度的落后性就在于生产资料的私有制,表现为资本主义生产过程中的不平等。资本家将历史发展所积累的生产工具和劳动者的劳动成果占为己有,将公有财产变为私有财产,将一切可以产生剩余价值的物品商品化,甚至以法律的形式维护私利,但他们自身并不从事生产性劳动。在这个过程中,农民被剥夺了土地,劳动者被剥夺了生产资料,他们一无所有,不得不出卖自己的劳动力,正是因为劳动力成为商品,资本才得以产生。因此,劳动力商品的买卖,或者说实质

---

① 《马克思恩格斯选集》第3卷,人民出版社2012年版,第585页。
② 《马克思恩格斯文集》第5卷,人民出版社2009年版,第272页。

新质生产力：高质量发展的新引擎

上是生产资料的归属，将资本主义社会划分出两大阶级，即资产阶级和无产阶级。

生产资料私有制缺乏推动新兴产业和未来产业发展的社会基础。资本主义社会在发展的过程中也在不断探索着生产力水平的提升，取得了较大的成就，使资本主义的繁荣得以延续。新兴产业和未来产业对于经济作用巨大，也是资本主义着力发展的对象。但资本主义对新兴产业和未来产业的推动以及对科技创新的重视，与新质生产力并非完全一致。在资本主义条件下，资产阶级采取了一些促进社会科技发展的举措，但作为生产资料的占有方，他们并不会以国家发展的整体视角、长远视角来看待科技创新和产业升级。在私有制弘扬的"自由""民主"氛围之下，私有企业不愿意花费更多的钱、更长的时间，不愿意承担研究成果的不确定性，作为独立的个体，他们难以承担较大的风险，难以提供足够的资金。无产阶级因为生产资料和生活资料的缺乏，其首要任务是支撑起自己和家庭的日常生活，一方面无暇顾及国家的长远进步，另一方面自身无法适应科技创新所需要的人才要素，难以融入新兴产业和未来产业。新兴产业和未来产业的稳定发展无疑需要聚集更多的人才，需要号召全社会参与，但资本主义私有制限制了新兴产业和未来产业发展的社会基础。随着资产阶级在自身范围内的资本积累，以及先进生产力的不断孕育，资本主义社会基本矛盾必将越来越突出。马克思对资本主义的批判及对私有制的揭露，预示了资本主义的灭亡。

总之，私有制作为一种较为落后的生产关系不能适应更为先进的生产力发展，私有制与先进的生产力发展之间的矛盾必将要求落后的生产关系革新，也就是私有制作为落后生产关系将被淘汰。社会主义公有制作为一种更为先进的生产关系，具有推动新兴产业和未来产业的强大社会基础。中国特色社会主义制度必将推动新兴产业和未来产业的发展，更有利于发挥社会主义制度的优越性。

三、新质生产力是马克思主义生产力理论的社会主义实践最新成果

任何理论的产生和发展都有其深刻的理论渊源，新质生产力也不例外。马克思主义生产力理论是新质生产力的直接理论渊源，为新质生产力提供了思想滋养和理论启示。马克思批判性吸收了资产阶级经济学家亚当·斯密、大卫·李嘉图、萨伊、李斯特等人有关土地生产力、自然生产力、劳动生产力和市场生产力的有关理论，从历史唯物主义和政治经济学双重维度阐释了生产力的内涵，并指出了生产力的构成要素，解密了人类社会发展的历史规律，创造了马克思主义生产力理论。马克思主义生产力理论揭示了生产力是推动历史发展进步的根本性力量，并指出了生产力发展的基本趋势。马克思说："人们在自己生活的社会生产中发生一定的、必然的、不以他们的意志为转移的关系，即同他们的物质生产力的一定发展阶段相适合的生产关系。这些生产关系的总和构成社会的经济结构，即有法律的和政治的上层建筑竖立其上并有一定的社会意识形式与之相适应的现实基础。"[①] 生产力是促使社会发展进步的最根本、最活跃因素。马克思通过揭示生产力本质发现市民社会的基础和经

---

① 《马克思恩格斯文集》第2卷，人民出版社2009年版，第591页。

新质生产力：高质量发展的新引擎

济运行的方式，揭露了资本主义生产方式的固有矛盾。

新质生产力概念的提出是基于破解东北产业调整、经济转型、实现全面振兴的根本需要。由此不难看出，新质生产力是着眼于新时代现实社会发展，思考如何提升生产力进而实现质量跃迁所提出的经济学新概念，是破解当前我国经济发展困局的有效措施。马克思、恩格斯在《德意志意识形态》中写道，"一定的生产方式或一定的工业阶段始终是与一定的共同活动方式或一定的社会阶段联系着的，而这种共同活动方式本身就是'生产力'；由此可见，人们所达到的生产力的总和决定着社会状况"[①]。按生产力发展的规律看，生产力发展的基本趋势是由低级阶段向高级阶段转变，由落后向先进转变。新质生产力是对传统生产力的更替和发展，代表了更高级、更先进的生产力形态，意味着生产力质的飞跃。

马克思主义生产力理论阐释了构成生产力的基础要素，阐明了科技是推动现代社会生产力发展的重要力量。马克思指出："劳动生产力是由多种情况决定的，其中包括：工人的平均熟练程度，科学的发展水平和它在工艺上应用的程度，生产过程的社会结合，生产资料的规模和效能，以及自然条件。"[②] 可见，劳动者、劳动对象和劳动资料是构成生产力的基础要素。进入近代大工业社会以来，科学技术、管理、制度等支撑性要素也成为影响生产力发展和进步的重要因素。从基础要素看，新质生产力要求劳动者具有高智力、高素质，劳动对象的领域由传统自然资源、自然之物向新技术、新材料、人工合成物等领域拓展，劳动资料从能源、资源等物质实

---

① 《马克思恩格斯文集》第1卷，人民出版社2009年版，第532—533页。
② 《马克思恩格斯文集》第5卷，人民出版社2009年版，第53页。

体范畴向信息数字的虚拟范畴延伸。马克思、恩格斯在《共产党宣言》中写道:"资产阶级在它的不到一百年的阶级统治中所创造的生产力,比过去一切世代创造的全部生产力还要多,还要大。"①资产阶级之所以能够创造这么大的生产力,是因为科学技术全面渗透到生产当中。科学技术的进步引起劳动资料、劳动对象和劳动者素质等的深刻变革和巨大进步,提高了劳动生产率,改变了劳动者价值创造的方式。新质生产力的根本特性凸显科学技术是推动生产力的第一动力,新质生产力的形成和发展依赖于技术上的创新与突破,尤其要在关键核心技术和颠覆性技术上实现创新。

马克思主义生产力理论论述了生产力所具备的物质客观性和社会历史性双重属性。生产力的双重属性揭示出资本主义生产关系和生产方式是制约资本主义生产力发展的桎梏因素。马克思指出:"无论哪一个社会形态,在它所能容纳的全部生产力发挥出来以前,是决不会灭亡的;而新的更高的生产关系,在它的物质存在条件在旧社会的胎胞里成熟以前,是决不会出现的。"②可见,在马克思主义生产力理论视域下,生产力不仅具有物质客观性,也有社会历史性。

马克思的生产力概念是不断发展变化的。马克思的生产力概念主要表现为一种"物质生产力",即生产力的物质性方面,它与生产关系的矛盾运动构成了"生产方式"或"生产形态",这是人类历史发展的基础。在《资本论》中,马克思指出,生产力不仅包括物质生产力的物质性方面,还包括生产关系的方面,即"社会生产

---

① 《马克思恩格斯文集》第2卷,人民出版社2009年版,第36页。
② 《马克思恩格斯文集》第2卷,人民出版社2009年版,第592页。

力"。他认为,资本主义生产方式下的生产力发展表现为一种"社会生产力"的发展,这种生产力的发展是通过资本家与工人之间的矛盾和斗争实现的。马克思认为,资本主义生产方式下的生产力发展具有一种"自我规定"的性质,这种性质表现为一种"历史必然性",即生产力的发展必然会突破原有的生产关系,产生新的生产关系,推动社会的进步和发展。这种"自我规定"的性质是马克思对生产力概念的独特理解,也是他对于历史唯物主义的重要贡献之一。马克思在晚年开始关注生态问题,对自然生产力进行了初步探讨。他指出,自然生产力是不同于社会生产力的另一种形态的生产力,它与自然生态环境密切相关。马克思认为,在资本主义生产方式下,自然生产力受到破坏和摧残,因此需要寻找一种新的生产方式来保护和利用自然生产力,实现人与自然的和谐共生。综上所述,马克思的生产力概念是不断发展变化的,它从最初的"物质生产力"逐渐演变为包括物质性和社会性两方面的"社会生产力"概念,并进而提出自然生产力概念。这些演化不仅体现了马克思思想的发展和变化,也反映了人类社会对于生产力概念的理解不断深化和进步。总体来说,生产力概念经历了多个阶段的发展和演变,不同经济学家对生产力概念有着不同理解和解释,从最初的土地生产力到劳动生产力再到社会生产力、自然生产力,逐渐形成了较为完善的理论体系。这为新质生产力突破资本主义生产方式的局限性,构建社会主义的生产力方式,提供了理论启迪。可以说,新质生产力是基于中国特色社会主义市场经济,创造性提出的具有鲜明社会形态属性的生产力概念,遵循了马克思所揭示的生产力发展的社会形态变迁规律,也符合生产关系对于生产力产生能动作用的原理。

第三章 理论渊源：新质生产力源自哪里？

新质生产力解决了资本逻辑支配下的劳资矛盾问题，克服了异化劳动和资本拜物教，释放出劳动者无限创造力，促进生产力效率极大提高，保障人类劳动创造的自由成为未来社会生产的基本样态。[①]

由此，我们也可以看出，马克思的生产力概念具有三个逐渐递进的层次：其一，生产力是一种力量。生产力是人类在以往活动的基础上延续和传承下来的一种力量，这种力量能够推动社会的进步与发展。其二，生产力产生于人类活动。生产力不是凭空产生的，而是人在使用生产资料、改造生产对象的过程中产生的，是人与自然物质交换的结果。其三，生产力是经济和自然共同发展的力量。生产力的发展要以人与自然之间的物质变换为限度。这意味着人类在从自然界获得所需物质资料的同时，要尽可能还原自然，以保证物质获取源源不断。许多经济学家和思想家都提出了关于发展生产力的理论。古典政治经济学派认为，分工可以提高劳动的生产力，促进经济增长。这一理论主要关注的是生产力的微观方面，即如何通过提高劳动生产率和优化资源配置来增加产出。马克思认为，生产力是推动社会进步和发展的根本动力。马克思从历史唯物主义角度提出了"生产力与交往形式的关系就是交往形式与个人的行动或活动的关系"[②]，即生产力是人的活动，会受到社会和政治因素的影响。此外，马克思还强调了生产力的客观性和历史性，认为生产力的发展是社会进步的基础，而生产力的提高则是在与生产关系的相互作用中实现的。马克思、恩格斯把生产力研究提升到一个新的高

[①] 马俊峰、马小飞：《新质生产力的生成逻辑、价值意蕴与实践理路》，《理论与现代化》2024年第2期。
[②] 《马克思恩格斯文集》第1卷，人民出版社2009年版，第575页。

度，他们在生产力研究方面的突出贡献体现在两个方面：一是不再孤立地考察生产力，而是从生产力与生产关系相互联系的视角，把生产力作为决定生产关系的因素；二是提出经济基础的概念，把经济基础视作上层建筑的决定性因素。

从历史发展进程来看，科学技术的创新一直推动着经济的发展，引发了生产力的深刻变化和人类社会的巨大进步。随着我国经济发展进入新阶段，尤其是在迈入高质量发展阶段后，迫切需要摆脱对传统生产力的依赖。新质生产力是继土地生产力、劳动生产力、社会生产力和自然生产力之后的又一生产力样态，是以科技创新为主导，以人工智能、数据要素为核心，以新兴产业和未来产业为载体的现代新型生产力，是生产力发展到一定阶段的必然结果。新质生产力是由科技创新和经济发展共同推动形成的，发展新质生产力不仅是实现经济高质量发展的必然选择，也是提升国际竞争力、实现可持续发展的重要途径。[①]

第二节　历史逻辑：新质生产力是 21 世纪人类物质文明的最新涌现

马克思、恩格斯指出："历史不外是各个世代的依次交替。每一代都利用以前各代遗留下来的材料、资金和生产力；由于这个缘

[①] 李政、廖晓东：《发展"新质生产力"的理论、历史和现实"三重"逻辑》，《政治经济学评论》2023 年第 6 期。

故，每一代一方面在完全改变了的环境下继续从事所继承的活动，另一方面又通过完全改变了的活动来变更旧的环境。"① 新质生产力的出现和发展是一个漫长的历史过程，它与社会生产力的发展密切相关。新质生产力是相对于传统生产力而言的，是社会生产力经过量的不断积累发展到一定阶段产生质变的结果。

一、农业文明时代的生产力发展特征

原始社会末期，随着生产经验的不断积累和生产技术的逐步提高，生产力水平有了一定程度的提高。这个时期出现了许多新的生产工具和生产资料，例如石器、陶器、纺织品等。这些新工具和与之相适应的新生产方式的出现使生产效率得到提高，同时也改善了人们的生活条件。此外，在这个时期还出现了原始的农业和畜牧业。原本以狩猎和采集为主的生产方式逐渐被农业和畜牧业所取代，同时也就有了私有制、阶级和国家。农业革命的发生标志着人类社会的生产力得到了显著提升，也使得人类能够更好地适应和改造自然环境，打破了原始社会末期人类生存的自然界限。随着时间的推移，人类逐渐学会栽种植物、饲养家畜，并开始积累农业和畜牧业的生产经验和技术。这种方式不仅使得人类能够大规模地种植农作物、养殖家畜，提高生产力和效率，还促进了人类社会从原始社会到奴隶社会再到封建社会的发展和演化。②

---

① 《马克思恩格斯文集》第1卷，人民出版社2009年版，第540页。
② 李政、廖晓东：《发展"新质生产力"的理论、历史和现实"三重"逻辑》，《政治经济学评论》2023年第6期。

新质生产力：高质量发展的新引擎

人类生存方式的特殊性决定了生产的基础地位，正如马克思所讲："一个社会不能停止消费，同样，它也不能停止生产。"[①] 这就是说，人类要活下来，就必须进行生产或劳动。人由动物进化而来，人类与动物生存方式的不同在于，人类不再是直接从自然界获得生存资料，而是通过劳动来获得生存资料。当然，这种获得生存资料的方式也经历了一个从简单到复杂的过程。第一次具有革命性的进步便是农业的诞生。农业的诞生是人类社会生产力发展史上第一次具有革命性意义的进步。农业是由采集发展起来的，从采集到农业的转变发生在公元前 9500 年至公元前 8500 年。[②] 由农业成就的人类社会生产力革命，主要是基于几种农作物的大规模生产。在这种生产方式下，劳动工具得到较大改进，实现了从旧石器时代到新石器时代的转变。新石器时代，人类社会早期生产力取得巨大进步。在这个时代创造的生产工具为农业生产提供了系统的工具体系，基于农业生产全过程的新石器工具体系化，极大地提升了农业生产的分工水平，包括砍伐农具、翻地农具、碎土农具、播种农具、中耕农具、水利农具、看护农具、收割农具、加工农具、贮藏农具等在内的农业工具体系，从根本上改变了人类的生存方式，开启了真正的人类生产活动，实现了生产力的第一次革命性突破。[③]

[①]《马克思恩格斯文集》第 5 卷，人民出版社 2009 年版，第 653 页。
[②] [以色列] 尤瓦尔·赫拉利：《人类简史——从动物到上帝》，林俊宏译，中信出版社 2017 年版，第 75 页。
[③] 乔榛、徐宏鑫：《生产力历史演进中的新质生产力地位与功能》，《福建师范大学学报（哲学社会科学版）》2024 年第 1 期。

二、工业文明时代的生产力发展特征

进入资本主义社会后,生产力水平有了极大提高,社会有了强大的创富能力。这主要是因为资本主义制度能够更好地调动人们的积极性和创造力,促进经济发展和社会进步。在资本主义社会中,生产资料私有制是基础,市场机制是调节器,商品生产和交换成为基本经济形式,追求利益最大化是各个企业和个人的主要目标。这种制度和机制有利于发挥人们的创造力和创新精神,推动科学技术的发展和应用,提高劳动生产率和经济效益,从而促进整个社会的经济发展和进步。资本主义的生产力发展过程是一个不断变革和创新的过程,它通过不断改进生产工具和技术手段,推动着社会的进步和发展。在这个过程中,资本主义国家经历了多次工业革命和科技革命,使得生产力得到了极大提高,同时也带来了许多社会问题和矛盾。一方面,资本主义的发展促进了生产力水平的提高,使得人们能够生产出更多的物质财富,更好地满足人们的需要。同时,也推动了科学技术的进步,如电灯、电话、汽车等发明都来自资本主义国家的创新和实践。另一方面,资本主义也存在一些难以克服的矛盾和问题,如贫富差距扩大、各种危机频发等。这些问题导致了人们对资本主义制度的质疑和批判。正如马克思、恩格斯所言:"资产阶级日甚一日地消灭生产资料、财产和人口的分散状态。它使人口密集起来,使生产资料集中起来,使财产聚集在少数人的手里。"[①] 随着资本主义私有制的强化,"生产资料的集中和劳动的社会化,达到了同它们的资本主义外壳不能相容的地步。这个外

---

① 《马克思恩格斯选集》第 1 卷,人民出版社 2012 年版,第 405 页。

壳就要炸毁了。资本主义私有制的丧钟就要响了。剥夺者就要被剥夺了"①。1929—1933年的资本主义经济大危机推动了资本主义国家对经济政策的重新审视和调整。一些国家开始采取国家干预控制的国家垄断资本主义，强调政府在经济发展中的作用，通过各种政策手段来干预和调节经济。②虽然这在一定程度上缓解了经济危机，使经济得以复苏，社会生产力得以发展，但资本主义的基本矛盾仍然存在，并制约着生产力的进一步发展。特别是第二次工业革命以后，人类生产生活受自然的影响，相对于农业社会而言大幅度降低，人类对自然的改造能力大幅度提升了。

三、数字化、智能化时代的生产力发展特征

随着科技的不断发展及数字化、智能化时代的到来，新质生产力开始崭露头角。新质生产力包括新技术、新模式、新产业、新领域、新动能等元素，对推动社会进步起到非常重要的作用。新质生产力的"新"指的是不断涌现的各类创新成果，如人工智能、大数据、云计算、生物技术等。这些新技术的发展和应用，使得生产力得到了极大提高。此外，新质生产力的"质"指的是物质、质量、本质、品质等方面。也就是说，新质生产力并不仅仅是数量的增加，更重要的是质量的提高和结构的优化。新质生产力的出现，对实现社会主义共同富裕目标起到积极推动作用。新质生产力中的新技术、新模式、新产业等元素，为社会主义的经济发展提供了新的动力和支撑。同时，新质生产力的出现也促进了创新、协调、绿

---

① 《马克思恩格斯文集》第5卷，人民出版社2009年版，第874页。
② 乔榛：《共同富裕的理论、历史和现实逻辑》，《天津社会科学》2023年第2期。

色、开放、共享的新发展理念的发展，为社会进步提供了更加广阔的空间和更多机会。总之，新质生产力是社会生产力发展的必经阶段，是人类社会发展的必然趋势，是中国特色社会主义建设的必然结果。[①]

从这个角度讲，新质生产力不是"先验"和"超验"的抽象产物，而是中国共产党对生产力发展历史探索的必然。生产力标准是社会进步的根本标准，社会主义制度的真正确立和巩固要以生产力的巨大增长和高度发展为前提。毛泽东曾深刻指出："中国一切政党的政策及其实践在中国人民中所表现的作用的好坏、大小，归根到底，看它对于中国人民的生产力的发展是否有帮助及其帮助之大小，看它是束缚生产力的，还是解放生产力的。"[②] 中国共产党正是根据不同历史时期的经济发展状况和生产力发展实际，解决发展什么样的生产力问题的。在这样的历史节点提出新质生产力，适合自身生产力发展的新需要。

第三节　实践逻辑：新质生产力是中国共产党人发展生产力的战略导向

习近平总书记指出："历史经验表明，那些抓住科技革命机遇走向现代化的国家，都是科学基础雄厚的国家；那些抓住科技革命

[①] 李政、廖晓东：《发展"新质生产力"的理论、历史和现实"三重"逻辑》，《政治经济学评论》2023年第6期。
[②] 《毛泽东选集》第3卷，人民出版社1991年版，第1079页。

新质生产力：高质量发展的新引擎

机遇成为世界强国的国家，都是在重要科技领域处于领先行列的国家。"①在新的历史阶段，推进中国式现代化，实现质的跨越，我国还需要持续解放和发展生产力，这是由两个"十五年"战略安排内在规定的。

我国生产力的发展是一个历史的过程，是在不断提升生产力中逐步推进的。从新质生产力的内涵出发，现阶段，我国推进经济建设需要重视以下三个方面。一是立足城乡居民需求变动来调整生产力指向。当前我国人均 GDP 正迈向高收入国家"门槛线"，居民恩格尔系数在 30% 左右，由此出发，我国在注重满足城乡居民物质产品需求之外，必须更加注重满足其他需求（例如，信息产品需求、绿色生态需求、健康养老需求等）并予以敏锐研判和及时供给。二是围绕要素组合效率的主要影响因素进行努力。新质生产力与要素组合方式及效率紧密关联，经济增长在根本上是一个生产率提高而非要素供给增长的过程。我国形成新质生产力的关键是依靠组织和技术创新，不断推动要素组合方式变革，进而在要素组合效率提高的前提下促使产出成果增大、产出结构优化。在这方面，我国与主要发达经济体之间仍存在差距，2010—2019 年中国的全要素生产率大致处在 0.40—0.44 这样的区间，低于德国（0.90—0.94）、法国（0.90—0.95）、英国（0.76—0.83）、日本（0.63—0.68）、韩国（0.59—0.68）等。自 2010 年以来，我国第一产业劳动生产率与第二、第三产业劳动生产率仍有显著差距。2022 年，我国第二产业与第一产业的劳动生产率比值是

---

① 《习近平谈治国理政》第 2 卷，外文出版社 2017 年版，第 268 页。

4.58，第三产业与第一产业的劳动生产率比值是 3.69。这说明全要素生产率的提高、产业结构的加速转型，以及科技创新的增强关联着要素组合效率，是新质生产力的主要努力方向。三是依靠生产关系调整完善来形成新质生产力。新质生产力在结果、要素、要素组合、产业形态等方面的变化都受到经济制度的影响，因此大力形成新质生产力需要进一步推进经济制度完善，在制度创新中形成发展活力。①

一、改革开放前："不搞科学技术，生产力无法提高"

新中国成立以来，中国共产党一方面赓续传承了马克思主义生产力理论，坚持以马克思主义生产力理论为指导，在社会主义生产力发展全方位实践探索中对其进行自觉完善；另一方面，以极大的理论勇气对马克思主义生产力理论进行了不懈探索和创新发展，将成功经验上升至理论高度，重塑了马克思主义生产力理论的中国化逻辑。

新民主主义革命时期，中国经济的落后从根本上说是现代工业太少，以自给自足的小农经济为主体，农业占比大。面对我国半殖民地半封建社会的国情实际，1934 年，在第二次全国工农兵代表大会上，毛泽东指出："我们的经济建设的中心是发展农业生产，发展工业生产，发展对外贸易和发展合作社。"②新中国成立后，把一个落后的农业国转变成一个先进的工业国，发展生产力成为党和

---

① 高帆：《"新质生产力"的提出逻辑、多维内涵及时代意义》，《政治经济学评论》2023 年第 6 期。
② 《毛泽东选集》第 1 卷，人民出版社 1991 年版，第 130—131 页。

国家的当务之急。工业化是现代文明的一个根本标志,工业化带来的规模效应和技术变革,能够创造丰裕的物质财富。1952年底,毛泽东提出"一化三改"过渡时期的总路线,以发展工业生产力为主,改造农业、手工业和资本主义工商业,同时将旧的生产关系转变为社会主义的生产关系。面对极为薄弱的工业基础和落后的社会生产力,毛泽东高度重视科学技术在社会主义建设中的重要作用,并指出:"科学技术这一仗,一定要打,而且必须打好。……搞上层建筑、搞生产关系的目的就是解放生产力。现在生产关系是改变了,就要提高生产力。不搞科学技术,生产力无法提高。"①

可以说,在这一阶段,科学技术在我国生产力的发展过程中受到了较大的重视,也发挥了积极的作用,甚至在一些领域起到了关键性作用,使我国工业体系能够迅速得以构建。

二、改革开放后:"科学技术是第一生产力"

改革开放之初,中国以突出的劳动力优势参与国际产业分工,这种基于要素禀赋的比较优势具有天然形成的外生性,可变且不可控。随着中国经济从高速增长进入高质量发展的新阶段,新一轮深化改革要求培育新优势,即从比较优势向内生的竞争优势转变,为经济注入新动能,实现新旧动能的转换。

党的十一届三中全会以来,党和国家坚持以经济建设为中心,大力发展生产力。邓小平把解放和发展生产力作为社会主义的本质,强调要大力发展生产力,促进经济快速发展,摆脱国家贫困落

---

① 《毛泽东文集》第8卷,人民出版社1999年版,第351页。

后的局面。他指出:"在社会主义国家,一个真正的马克思主义政党在执政以后,一定要致力于发展生产力,并在这个基础上逐步提高人民的生活水平。"[1]究竟应当发展什么样的生产力,才能推动经济社会快速发展?邓小平考察了科学技术在生产过程中的重要作用,指出"马克思讲过科学技术是生产力,这是非常正确的,现在看来这样说可能不够,恐怕是第一生产力"[2]。科学技术渗透在生产力的各个基本要素之中,并能够直接转化为实际生产力,发展科技生产力成为这一历史时期的核心命题。

2000年2月,江泽民首次提出"三个代表"重要思想。其中,中国共产党代表中国先进生产力的发展要求是首要观点。先进生产力实质是指以现代科学技术为先导的社会化生产力,意味着生产力的发展在层次上是不断展开、在过程上是不断向前推移的,具有历史合理性和必然性。胡锦涛从坚持什么样的发展方式的角度阐释生产力问题,他指出:"树立和落实全面发展、协调发展、可持续发展的科学发展观,对于我们更好坚持发展才是硬道理的战略思想具有重大意义。"[3]

进入新时代,习近平总书记从经济社会可持续发展的全局高度和中华民族伟大复兴的战略高度,正确处理经济发展和环境保护关系,形成习近平生态文明思想。马克思主义生产力理论已经蕴含了自然具有生产力属性的思想观点,强调生产过程是人与自然相互进行物质交换、能量交换和信息交换的双向运动过程。习近平生态文

---

[1] 《邓小平文选》第3卷,人民出版社1993年版,第28页。
[2] 《邓小平文选》第3卷,人民出版社1993年版,第275页。
[3] 《胡锦涛文选》第2卷,人民出版社2016年版,第104页。

明思想破解了生产力发展与保护自然环境难题,强调"绿水青山就是金山银山""保护生态环境就是保护生产力"。倡导人与自然和谐共生,树立系统性发展思维,构建人与自然相互作用的双向运行机制。综上所述,新质生产力的提出具有其历史必然性,是中国共产党对于发展什么样的生产力的接续探索。

三、党的二十大:"科技是第一生产力、人才是第一资源、创新是第一动力"

党的十八大以来,面对新一轮科技革命和产业变革加速演变的新态势,以习近平同志为核心的党中央敏锐洞察世界生产力发展新趋势,提出"创新是引领发展的第一动力"[①],强调"一个国家和民族的创新能力,从根本上影响甚至决定国家和民族前途命运"[②],以高度自觉的历史主动精神,大力实施创新驱动发展战略,推动生产力的快速发展和生产力总和的极大增长,全面建成小康社会的阶段性目标得以如期实现,为新质生产力的提出与形成夯实了历史根基。党的二十大报告强调"科技是第一生产力、人才是第一资源、创新是第一动力",表明新质生产力是在科技、人才、创新"三位一体"有机融合基础上形成的一种新型生产力。新质生产力既涵盖了对人类社会发展进程中科技进步推动生产力跃升的经验性总结,又对未来社会生产力发展趋势作出了前瞻性判断,是对马克思主义生产力理论的继承和发展,为在中国式现代化进程中全面推动中国经济高质量发展、在日趋激烈的国际竞争中赢得战略主动奠定了思

---

① 《习近平关于科技创新论述摘编》,中央文献出版社2016年版,第7页。
② 习近平:《论把握新发展阶段、贯彻新发展理念、构建新发展格局》,中央文献出版社2021年版,第81页。

想理论根基，是马克思主义生产力理论中国化时代化的重大创新成果。

科技创新和制度创新同向而行、协同推进。为加快形成新质生产力，我国要主动顺应创新主体多元、活动多样、路径多变的新趋势，完善国家科技治理体系，加快补齐体系化能力短板，探索和优化决策指挥、组织管理、人才激励、市场环境等方面的体制机制创新，强化跨部门、跨学科、跨军民、跨央地整合力量和资源，建立强有力的科技创新统筹协调机制和决策高效、响应快速的扁平化管理机制，构建能力强大、功能完备、资源高效配置的国家创新体系。要切实强化企业科技创新的主体地位，充分发挥科技型骨干企业的引领支撑作用，营造有利于科技型中小微企业成长的良好环境。健全产学研成果对接和产业化机制，推动各类科技成果转化项目库向企业开放，支持将高校、科研院所的科技成果通过许可等方式授权企业使用。健全"企业出题、协同攻关、政府补助"的产学研合作机制，支持企业牵头组建创新联合体、产业技术创新联盟，从根本上解决我国长期存在的产学研协作不畅、产业基础薄弱、科技成果转化难等难题。

从生产力发展的动力机制来看，创新是引领发展的第一动力。它贯穿生产力三要素，其辐射力和影响力涵盖生产力发展的各类因素。首先，实施要素驱动转向创新驱动的发展战略。从供给侧结构性改革的角度来看，世界科技革命和产业变革带来生产力的提升，根本上是供给侧推动发展的结果。"供给侧结构性改革，重点是解放和发展社会生产力，用改革的办法推进结构调整，减少无效和低端供给，扩大有效和中高端供给，增强供给结构对需求变化的

新质生产力：高质量发展的新引擎

适应性和灵活性，提高全要素生产率。"① 这是生产力发展的重要经验。从时代特征和国情实际来看，实现中国式现代化，走要素驱动的老路难以为继，物质资源越用越少，而科技和人才越来越多，实现创新驱动的转轨发展势在必行。习近平总书记指出："面对新形势新挑战，我们必须加快从要素驱动为主向创新驱动发展转变，发挥科技创新的支撑引领作用，推动实现有质量、有效益、可持续的发展。"② 其次，重视科技创新在新质生产力发展中的突出作用。一方面，更加突出科学技术作为第一生产力的作用。习近平总书记强调"当今世界，科学技术作为第一生产力的作用愈益凸显"③，"科技创新是提高社会生产力和综合国力的战略支撑，必须摆在国家发展全局的核心位置"④。把科技创新对社会生产力发展的作用上升为战略高度，进一步发展了马克思科技生产力要素理论。另一方面，更加强调创新科技向新质生产力的转化。恩格斯指出，"发明和发现在一些情况下是提高了劳动生产力（但在许多情况下也不见得是这样，世界上一切专利局的大量档案废纸就是证明）"⑤。习近平总书记进一步指出："创新不是发表论文、申请到专利就大功告成了，创新必须落实到创造新的增长点上，把创新成果变成实实在在的产业活动。"⑥ 科技成果要完成从科学研究、实验开发、推广应用的"三级跳"，才能真正实现创新驱动发展。同时，习近平总书记

---

① 《习近平著作选读》第 1 卷，人民出版社 2023 年版，第 442 页。
② 《习近平关于科技创新论述摘编》，中央文献出版社 2016 年版，第 14 页。
③ 习近平：《让工程科技造福人类、创造未来——在 2014 年国际工程科技大会上的主旨演讲》，《人民日报》2014 年 6 月 4 日。
④ 《习近平关于科技创新论述摘编》，中央文献出版社 2016 年版，第 27 页。
⑤ 《马克思恩格斯选集》第 3 卷，人民出版社 2012 年版，第 603 页。
⑥ 《习近平关于科技创新论述摘编》，中央文献出版社 2016 年版，第 6 页。

强调"不创新就要落后,创新慢了也要落后"①,突出现代科技向生产力转化的紧迫性。最后,强调创新人才是新质生产力发展的基本要素和根本动力。马克思认为,劳动者是生产力的基本要素,"工人的平均熟练程度"影响着生产力的发展。习近平总书记结合科技创新的时代特征,提出"创新人才"在新质生产力发展中的决定性作用,重点强调:"人才是创新的根基,是创新的核心要素。""人才资源是第一资源,也是创新活动中最为活跃、最为积极的因素。"②不但要提高劳动者素质,而且要构建一支高素质人才队伍,不但要用好高层次、紧缺人才,也要用好企业家、技术工人等各类人才。③

生产力是人类利用自然和改造自然的能力,是推动社会进步最活跃、最革命的要素,生产力发展是衡量社会发展的带有根本性的标准。科技创新是人类财富增长的不竭源泉和生产力发展的巨大动力。从历史发展进程来看,科学技术创新一直推动着经济的发展,引发了生产力的深刻变化和人类社会的巨大进步。社会主义的根本任务就是解放和发展社会生产力。随着科学技术的不断进步和发展,生产力的存在样态也在不断变化,这也反映了人类社会的不断进步和发展。在现代社会,随着信息技术的快速发展和数字经济的到来,生产力的存在样态又发生了新变化。信息和数据成为重要的生产要素,生产资料也更加智能化和自动化。尤其是在迈入高质量发展阶段后,依赖传统生产力和常规资源要素投入已经不可

---

① 《习近平关于科技创新论述摘编》,中央文献出版社 2016 年版,第 70 页。
② 《习近平关于科技创新论述摘编》,中央文献出版社 2016 年版,第 119、110—111 页。
③ 张林、蒲清平:《新质生产力的内涵特征、理论创新与价值意蕴》,《重庆大学学报(社会科学版)》2023 年第 6 期。

新质生产力：高质量发展的新引擎

持续。这时，以科技创新为主导的新型生产力便应运而生，其具有更高的融合性、创新性和科技含量，更符合现代生产力的发展要求。

第四章

理论内涵：新质生产力新在何处？

任何一种生产力都是改造自然的力量，诸如生产工具、工艺流程标准等都是以往人类活动的产物。习近平总书记强调："整合科技创新资源，引领发展战略性新兴产业和未来产业，加快形成新质生产力。"[①]可以看出，新质生产力之"新"至少关涉三个方面：一是科技创新所推动的生产要素质变；二是高质量发展的新历史方位和新路径选择；三是21世纪涌现出的新兴产业和未来产业。

第一节　科技创新所推动的生产要素质变

从发展动力来看，新质生产力的根本驱动力在于科技创新。自18世纪中叶以来，科技革命和工业革命浪潮深刻改变了人类社会面貌，生产力的迭代更新推动了社会生产方式和生活方式发生革命性变革。三次工业革命带动了生产力的发展，人工智能的发展又带动了一场全新的科技革命，推动社会进入"万物智能"时代，催生出新质生产力，各国重新站在新的起跑线上。进入人工智能时代以

---

① 《习近平在黑龙江考察时强调　牢牢把握在国家发展大局中的战略定位　奋力开创黑龙江高质量发展新局面》，《人民日报》2023年9月9日。

新质生产力：高质量发展的新引擎

来，通用智能体大量出现，生产力得到飞速提升，中国在生物医药、量子信息、载人航天、先进制造等领域不断突破，前沿科技领域不断革新，塑造出人类文明新形态。

21世纪以来，新一轮科技革命和产业变革正在重构全球创新版图、重塑全球经济结构。我国在科技创新上取得显著成就，科技集群数量和规模逐步扩大，创新发展的主动权牢牢掌握在自己手中。纵观人类社会发展历程，科学技术始终是生产力中最活跃的因素，同时也是最主要的推动力量。每一次科技革命都会带来生产力发展的颠覆性变革，同时引发生产关系、经济基础和上层建筑的革新，从而推动社会历史的发展和社会形态的更替。习近平总书记指出，"要以重大科技创新为引领，加快科技创新成果向现实生产力转化，加快构建产业新体系"[1]。新质生产力产生于新科技革命的产业变革，科技创新是新质生产力发展的动力引擎。只有以科技创新不断推动传统产业转型升级，才能抓住未来发展机遇。

一、第一生产要素的历史演变

"纵观人类发展历史，创新始终是一个国家、一个民族发展的重要力量，也始终是推动人类社会进步的重要力量。不创新不行，创新慢了也不行。如果我们不识变、不应变、不求变，就可能陷入战略被动，错失发展机遇，甚至错过整整一个时代。""科技是国之利器，国家赖之以强，企业赖之以赢，人民生活赖之以好。"[2]

我国长期处于农业社会。在农业社会，最重要的生产要素是劳

---

[1] 《习近平著作选读》第1卷，人民出版社2023年版，第428页。
[2] 《习近平谈治国理政》第2卷，外文出版社2017年版，第267页。

动和土地。英国古典经济学家威廉·配第在1662年出版的《赋税论》中说:"劳动是财富之父,土地是财富之母。"慢慢地,我们向工商业社会转变。

工商业社会的特征,不仅仅是劳动和土地,还有一项非常重要的要素——启动时候需要的"钱",就是"资本"。于是,劳动、土地"二要素"论逐渐让位于劳动、土地、资本"三要素"论。现代增长理论更是认为,资本要素是经济增长的关键。比如,经济学中的哈罗德—多马模型就符合这种理论。但是各个国家的实践表明,经济增长的速度要快于要素投入增长的速度。有些增长是传统要素解释不了的,这个解释不了的部分,最早是由罗伯特·索洛发现的,因此也被称为"索洛残差"。造成"索洛残差"的原因最有影响力的解释是"科技进步",认为科学技术进步提高了全要素生产率。科学技术作为一种要素逐渐浮出水面。经济学家安格斯·麦迪森说,技术进步不应该局限于机器制造上的进步,而应该包括管理、组织和农业耕作方面的创新。随着认识深化,科学技术是第一生产力的论断也逐步成型。于是劳动、土地、资本、技术四要素基本形成。

随着信息技术、大数据、人工智能的发展,数据的重要性凸显,它催生了很多新产业、新模式。数据作为一种生产要素,从其他要素独立出来,是顺理成章的。为了更好地促进数据的生产和使其更好发挥作用,党的十九届四中全会提出了数据按照贡献参与分配的要求,正式将数据与其他生产要素并列。

所以,在人类社会的不同发展阶段,生产要素的构成是不同的。从农业社会的"二要素"论到现阶段的"五要素"论,参与生产的要素越来越多，说明生产的复杂程度不断提高。同时，要素的表现形态也不断变化，比如劳动要素，早期更多的是简单劳动，但随着教育的普及，复杂劳动占比越来越高。而且，各个要素也是相互影响的。劳动、土地、资本、技术等要素的价值，也可能因为大数据而得到放大。

二、新质生产力之"新"

马克思主义唯物辩证法认为，事物经历量变到质变的发展后，将展开新一轮量的扩张到新的质变。可以说，新质生产力的"新"主要体现在数字化、智能化。

首先，新质生产力的智能化主要体现在三个方面。一是生产力的内涵发生了变革。人工智能技术整合新能源、新材料、通信网络、生命科学技术，形成全要素生产力。技术集群相互渗透和转化，实现了本能化的生产向智能化的创新跨越。从本质上看，人工智能在技术上的核心逻辑是"变智能问题为数据问题"，超级计算机在大数据和人工神经网络的支撑下具备了仿真思维，通过学习人类行为，自主地与对象性的世界发生关系，创造新型财富。二是智能化生产力的迭代速率呈几何倍数增长。超级计算机、大数据和人工神经网络是构成智能化生产力的三个核心要素。科学家预计，到2050年，一台超级计算机的算力将超过地球上所有人脑算力的总和；算力的增长赋予设备更强的抓取数据的能力，而不断细化的人工神经网络将智能化渗透于日常生活的每个角落。如此看来，以智能化为基础的生产每秒都在刷新人类对生产力的认知。三是智能化生产力创造数字化财富。相对于数字财富而言，数字化财富是智能化机器体系运用仿真思维，将数字财富作为生产对象再次加工的结果，是第二次对象化的产物。数字化财富不是虚无缥缈的虚构物，作为人类高度的社会一般智力的对象化成果，它是人类文明新高度的定在。数字化财富不但可供人类消费，而且能够赋予社会强大的物质推动力。①

其次，新质生产力生产要素的数字化。在智能时代，人工智能技术的嵌入导致生产要素发生了改变，知识、信息、数字技术等要素的地位不断增强。新质生产力的生产要素以信息形式呈现数字化的特点。"数字化则是数字技术的应用或转化过程，是信息领域的数字技术全方位地向人类生产和生活各个领域推进的过程，也是大众传播领域的传播技术手段以数字制式全面替代传统模拟制式的转变过程"②。数字技术是基于数字化的电子计算机所控制的技术系统。在数字技术的加持下，人类生产和生活中的图片、声音、视频等信息，都转化为能够被计算机识别的0和1的二进制数字，然后对其进行分类、加工和处理。数字化的特点是易保存、便传递、可复制，尤其是可以在数字设备上对其进行数字化加工，使之成为比物质资源更宝贵的数据资源，从中可以发掘规律、建构模型、生成知识，所以数字技术已然是智能时代的核心技术。③数字技术是新质生产力的核心技术，它在提升社会生产效率、实现经济可持续发展中具有关键作用。新质生产力利用数字技术提取有用的数字化信息，使现实中的实体性要素被转化为数字资源，成为新质生产力的数字

---

① 王程：《智能化生产力逻辑中人的存在论追问》，《社会科学报》总第1888期。
② 李春华：《文化生产力与人类文明的跃迁》，中国社会科学出版社2016年版，第73页。
③ 肖峰、赫军营：《新质生产力：智能时代生产力发展的新向度》，《南昌大学学报（人文社会科学版）》2023年第6期。

化生产要素，展现新质生产力所具有的生产要素数字化特征。

一是劳动者的数智化创新。智力是凝结在劳动者身上的认知能力、创意能力、行动能力以及心理素质和意志品质等。智力要素是通过教育和学习获得创新能力的劳动者，主要包括科学家、工程师、企业家以及其他知识化、技能化人才。智力的创造、传播和应用成为推动经济增长的关键。没有劳动者数智化技能的跃升就没有新质生产力的发展，掌握数智化技能的劳动者是新质生产力创造和使用过程中最活跃、最具决定性意义的能动主体。在数智化革命的推动下，现阶段劳动者接受教育和技能培训的程度远超历史任何时期，其视野、知识、能力、智商、情商得到极大拓展和提升，其劳动素质达到新高度。

二是劳动资料的数智化创新。劳动资料的核心是劳动工具，劳动资料高智能化的核心是劳动工具的数智化。数字技术加快发展使传统劳动资料与智能化劳动资料实现融合升级，智能化放大、叠加传统劳动资料的性状，极大地提升了劳动效率。劳动工具具有虚拟与真实交织的共在性，既包括高速泛在、天地一体、云网融合、智能敏捷、绿色低碳、安全可控的智能化综合性数字信息基础设施，又包括适用于不同领域、行业和群体的商业软件、硬件设施和应用。数智化技术革命使劳动工具发生质变。

三是劳动对象的数智化创新。随着数智化革命的推进，人类的劳动对象发生极大的变化，劳动对象的范围和领域不断扩大，数据等新型劳动对象在各行各业中广泛渗透。数据经过加工后被解释为信息，数据是信息的表现形式和载体，信息是数据的内涵。数据被有效收集、整理、分析、挖掘和处理后，可释放巨大的生产力

第四章　理论内涵：新质生产力新在何处？

效能。

最后，聚合模式与协同耦合。在数字经济时代，"大平台＋小前端"逐渐成为新型分工协作模式。企业平台化、员工创客化、用户个性化的要求使小微企业成为大型企业的基本单元。"巨平台＋海量小前端"成为新型分工形态的全新载体与重要依托。聚合模式是"平台的平台"，这一平台通常整合了众多其他平台的资源，用户可以通过一个入口获得多家平台提供的服务。对超级平台而言，平台企业的入驻能够为其增加消费场景、补充用户数据，完善业务生态；对平台企业而言，超级平台能够为其导入流量，同时可以在品牌、资金、技术等方面为其提供支持，进而实现两者之间的互促互动、协同发展。聚合模式和产能共享在实现生产方式社会化方面的作用将进一步凸显。劳动分工越精细化，劳动协作就越社会化，个体生产的独立性愈益被分工上取得相应表现的社会依赖性补充。互联网技术、数字技术、人工智能技术、生命科学技术等嵌入各行各业，其核心特征是打破行业边界，跨界协同，重塑边界。新质生产力的发展使大量异质性企业借助大数据和互联网紧密融合，形成共生的价值循环体系，不同行业之间通过业务交叉、数据联通、运营协同等形成新的产业融合机制和社会协同平台，由此产生数字生态中的产业生态。产业生态是数字经济和实体经济融合而成的新的基本经济单元，有助于推进资源整合、激发创造活力，实现系统集成、资源互联共享。产业生态的融合性重塑是新质生产力带来生产方式进一步社会化的新表现。新质生产力推动的资源共享和协同创新集中表现为一种社会融合效应，生产方式的社会化水平进一步提高。新质生产力的融合性意味着协同耦合，产生"1+1＞2"的非

新质生产力：高质量发展的新引擎

线性放大效应。融合能够产生新特质新现象新功能，使系统整体功能大于局部个体功能之和，进而催生新质。①

当前数字技术引发的新一轮科技革命，正以前所未有的速度促进新质生产力的产生和发展。以数字技术为基础产生的新质生产力主要表现为"数字生产力"。"数字生产力"指通过数字技术融合其他生产要素，创造满足社会需要的物质产品和精神产品，带动国民经济增长的能力，是生产力要素即劳动者、劳动资料和劳动对象"三位一体"的数字化结果。习近平总书记高度重视数字生产力发展，深刻指出："近年来，互联网、大数据、云计算、人工智能、区块链等技术加速创新，日益融入经济社会发展各领域全过程，各国竞相制定数字经济发展战略、出台鼓励政策，数字经济发展速度之快、辐射范围之广、影响程度之深前所未有，正在成为重组全球要素资源、重塑全球经济结构、改变全球竞争格局的关键力量。"② 这一重要论述，充分说明"数字生产力"对经济社会发展影响之深、作用之大。

数字鸿沟描述不同地域与社会群体在信息和通信技术获取、掌握及应用能力方面的鸿沟。在过去数十载的飞速进展中，中国在数字基础设施建设上取得了显著进步。根据中国互联网络信息中心所发布的统计数据，截至 2022 年 12 月，中国网民规模达 10.67 亿，对应的互联网普及率高达 75.6%。根据中国工业和信息化部披露的数据，截至 2023 年底，中国 5G 基站总数突破 337.7 万个。稠密

---

① 胡莹：《新质生产力的内涵、特点及路径探析》，《新疆师范大学学报（哲学社会科学版）》2024 年第 4 期。
② 习近平：《不断做强做优做大我国数字经济》，《求是》2022 年第 2 期。

的技术基础设施网络，不仅为城乡居民提供了更为平等的信息获取途径，亦基本上平衡了不同社会群体间数字服务的获取差异。

三、数字化与绿色化融合

新质生产力的核心是创新，载体是产业。离开作为载体的产业，创新就成为无源之水、无本之木。经济发展从来不靠一个产业"打天下"，而是百舸争流、千帆竞发，主导产业和支柱产业在持续迭代优化。当前，我国科技支撑产业发展的能力不断增强，为发展未来产业奠定了良好基础。要紧紧抓住新一轮科技革命和产业变革机遇，以科技创新为引领，加快传统产业高端化、智能化、绿色化升级改造，培育壮大战略性新兴产业，积极发展数字经济和现代服务业，加快构建具有智能化、绿色化、融合化特征和符合完整性、先进性、安全性要求的现代化产业体系，以产业升级和战略性新兴产业发展推进生产力跃升。

在绿色化方面，要加快实现绿色低碳技术重大突破，实施传统产业焕新工程，推进传统产业制造工艺革新和设备改造，提升产业绿色化发展水平。① 通过传统产业的高端化、智能化、绿色化升级夯实现代化产业体系的基底，提升当前生产力的发展水平，推动新质生产力的形成。②

数字化与绿色化交互影响，相互融合，相互促进。数字化促使绿色化目标得以有效推进，绿色化目标则为数字化提供了诸多应

---

① 陈英武、孙文杰、张睿：《"结构—特征—支撑"：一个分析现代化产业体系的新框架》，《经济学家》2023年第4期。
② 周文、许凌云：《论新质生产力：内涵特征与重要着力点》，《改革》2023年第10期。

新质生产力：高质量发展的新引擎

用场景，使数字化的增长效应持续扩大。这主要体现在以下几个方面：其一，数字化推进产业结构绿色化。能源、制造、交通、建筑等重点碳排放领域的数字化改造、数字化融合，使得传统产业碳排放强度大幅度降低；数字化生产设备对传统资本设备的替代，促进碳排放额度使用效率的大幅提高。其二，产业链上下游之间进行数字化衔接，信息联通和数据共享，有助于协同构建绿色化的数字化优化路径，有助于有效供给全产业链绿色化共性数字技术；国内外贸易、物流等过程的数字化流程，有助于全过程的绿色化。其三，能源领域从生产到传输、分配、使用全过程的数字化，对传统能源向新能源转换和替代起着支撑性作用。其四，网络平台、大数据等数字化工具，是碳排放额度通过市场交易实现优化配置的技术基础。其五，数字化融入绿色技术创新过程，有助于选择产业技术转换成本合理、经济和民生短期影响可承受、中长期能够促进可持续增长的绿色化创新路径。其六，在最终消费领域，通过大数据、数字经济平台的精准匹配，可使绿色产品服务需求得到精准供给和有效满足。其七，数字化相关新型基础设施，在推动传统基础设施领域绿色化的同时，促进各种数字技术在各行各业的普及使用，通过用能优化、成本优化、供需匹配优化等方式助推中间需求产业数字化、绿色化同步发展。可以说，数字化与绿色化相融合的上述效应主要体现为：一是传统生产方式下，碳排放额度使用效率提升（能源、制造、交通、建筑、物流、传统基础设施等领域的数字化，各领域的精准匹配）；二是传统生产方式下的效率提升等方式可获得碳排放额度的"变相增加"（通过碳排放额度的市场交易等方式实现）；三是新型生产方式下，碳排放额度的使用效率得以提升（数字化融入绿色技术创新等);四是新型生产方式下,使用新能源等方式而获得的碳排放额度的"变相增加"(新能源对传统能源的替代、新能源设备对传统能源设备的替代、新能源产品对传统能源产品的替代等)。[①]

新质生产力是智能时代衍生出来的,它的形成和发展必将附着智能化的"魅影",并与传统生产力相比较具有本质区别。科技创新驱动是新质生产力形成的关键,新质生产力较之传统生产力建基于更高水平的科学技术,由当代科技革命的重大成果转换和富集而成。新质生产力的形成需要两个条件:一是科学技术创新成为生产力发展的第一推动力,成为社会变化中最活跃的因素,科学技术创新驱动成为生产力发展的内生动力;二是科学技术物化的劳动资料呈现为对人的脑力劳动的模仿,劳动资料模拟的重心由体力劳动转向脑力劳动。传统生产力的发展主要是依靠劳动资料所借用或转化的自然力,来延展人自身的劳动的对象化范围,增强物质生产的对象化力量,人类通过利用劳动资料不断从自然界摄取物质,再借用机器的机械能(可称之为"人工体能")在越来越大的造物规模和越来越强的造物能力中彰显自身力量的强大,这种过于强大的人工体能常常对自然生态造成巨大的破坏。新质生产力则以不同于人工体能或能够有效利用人工体能的人工智能为技术引领,以最小的消耗产生最大的效益,使生产过程数字化、智能化的同时走向绿色化,人与自然的关系转向和谐共生的状态。在这个意义上,作为智

---

① 钟茂初:《"新质生产力"发展演进及其增长路径的理论阐释》,《河北学刊》2024年第2期。

能生产的新质生产力，也是"绿色生产力"。[1]

在绿色、低碳理念和新能源技术不断发展的影响下，"绿色生产力"正加快形成。"绿色生产力"是一种可同时提高生产力水平和环境绩效，实现社会与经济全面发展，从而持续提高人类生活水平的能力。这是在新发展理念指导下，将发展生产力和保护生态环境有机结合，促进产业经济绿色转型、促进人与自然和谐共生。它要求综合应用适当的生产力和环境管理工具、技术和科技，既可减少组织活动、产品和服务对环境的影响，又可提升收益率和竞争优势，实现社会与经济全面发展和人类生活水平持续提高。习近平总书记指出"绿水青山就是金山银山。保护生态环境就是保护生产力，改善生态环境就是发展生产力"[2]，强调"良好生态本身蕴含着无穷的经济价值，能够源源不断创造综合效益，实现经济社会可持续发展"[3]，这些论述，充分体现了"绿色生产力"的科学内涵。[4]

第二节 高质量发展的新历史方位和新路径选择

新发展理念和新发展格局内含着生产力发展的"新质"要求，

---

[1] 肖峰、赫军营：《新质生产力：智能时代生产力发展的新向度》，《南昌大学学报（人文社会科学版）》2023年第6期。
[2] 习近平：《共同构建人与自然生命共同体——在"领导人气候峰会"上的讲话》，《人民日报》2021年4月23日。
[3] 习近平：《共谋绿色生活，共建美丽家园——在二〇一九年中国北京世界园艺博览会开幕式上的讲话》，《人民日报》2019年4月29日。
[4] 蒋永穆、马文武：《新质生产力是什么？新在哪？》，《四川日报》2023年9月18日。

同新质生产力辩证统一于中国特色社会主义经济实践，具有高质量发展和人民幸福目标的一致性。

一、新发展阶段是新的历史方位

新质生产力与习近平经济思想的核心要义之间存在着紧密的逻辑联系。具体表现在三个维度：从"新"的角度看，新质生产力与经济新常态、新发展阶段、新发展格局、新发展理念等具有高度的契合性。习近平经济思想基于中国特色社会主义新时代这个时空场域而展开，面对新问题、培养新理念、创造新办法是其首要特征，可以说"新"贯通于习近平经济思想的全部理论命题。按照马克思主义哲学的观点，新事物是相对于旧事物而言的，是旧事物通过量变积累和质变飞跃而产生的代表事物发展前途方向的新生力量。新质生产力是代表未来生产力发展要求和前进方向的生产力形态，是适应经济新常态、贯彻新发展理念、立足新发展阶段、构建新发展格局的根本支撑。而且，习近平经济思想提出的一系列新观点新方略都蕴含着创新这一解决现实经济问题的金钥匙和主基调。从"质"的角度看，党的十八大以来，推动经济高质量发展成为引领中国特色社会主义经济建设的总依据，统领着经济建设的各个领域和各个层面，其核心要义是强调质量的转变和提升。新质生产力强调质量的提升、质量的跃迁、质量的升级，意味着生产力水平、层次和形态发生根本性的历史变化，是质性的升级换代，这是经济高质量发展的必然要求。从生产力角度看，新质生产力是对新时代中国特色社会主义经济社会发展中涉及的生产力的不同形式，如数字生产力等新型生产力的理性抽象和理论概括。生产力作为马克思主

新质生产力：高质量发展的新引擎

义政治经济学的重要理论范畴，是推动经济社会发展进步的根本因素。习近平经济思想牢牢抓住了这个"牛鼻子"，坚持系统思维和问题导向，从全面建成社会主义现代化强国、实现民族复兴历史伟业的战略高度，提出了一系列事关解放生产力、发展生产力和形成新质生产力的重要理论创新。①

二、新发展理念是新的指导原则

新发展理念明确了新质生产力助力高质量发展的指导方向和发展目标。新发展理念是推动高质量发展的思想先导，指引着新质生产力的实践方向。

自2012年起，我国GDP增速告别前10年年均10%的高速增长，进入增速阶段性回落的新常态时期。经济发展新常态不仅意味着经济发展阶段的演进，更需以更高站位的战略思维适应新常态。②以新发展理念为指导，是经济发展新常态下我国实现高质量发展的根本性要求。创新发展理念在新发展理念中居于核心位置，是推动新质生产力发展的关键驱动力，通过科技创新、商业模式创新、管理创新等提高生产力水平，为新质生产力发展提供动力。协调发展理念不仅协调国内区域发展、城乡发展的不平衡，而且协调国民经济循环的供给侧和需求侧，助力社会再生产过程和经济、社会、环境等各方面的协调发展。绿色发展理念则强调国民经济循环的可持续，将生态环境和自然资源视为新质生产力发展的生产要

---

① 马俊峰、马小飞：《新质生产力的生成逻辑、价值意蕴与实践理路》，《理论与现代化》2024年第2期。
② 金碚：《中国经济发展新常态研究》，《中国工业经济》2015年第1期。

素，采用清洁能源、低碳技术和循环经济的模式建设生态友好型产业体系。开放发展理念注重国内外经济大循环的联动效应，通过国际大循环增加国民经济生产循环流量。新发展理念还倡导共享发展，追求社会公平和民生福祉，确保人民群众共享发展成果。新质生产力发展的最终目的是提供更多的物质资源和服务，更好地满足人们的需求和欲望，提高人民的生活质量和福祉。[①] 新发展理念的理论体系架构中，创新、协调、绿色、开放、共享相互联系，有机融合，要完整准确、全面落实，将理论与实践相结合，在新发展阶段的时代背景下，用新发展理念助力我国构建新发展格局，实现经济高质量发展。[②]

新发展理念是我们党在新时代对经济形势进行科学研判后所提出的重要发展理念。新质生产力是社会生产力在 21 世纪推动社会发展中的重要组成部分和主要表现形式，厘清新发展理念与新质生产力的理论逻辑关系对于实现中国式现代化具有十分重要的理论和现实意义。一方面，新发展理念为加快形成新质生产力提供了思想指引。新发展理念是新时代我国经济发展全局的统领，它从第一动力、内在要求、必要条件、必由之路和本质要求全方位、系统化论述了新的历史时期我国的发展思路、发展方向和发展着力点。另一方面，新质生产力为新发展理念的落实明确了对象，赋予了抓手。新发展理念立足于改革开放以来生产力进步所推动的我国社会主要矛盾变化，又服务于新时代新的社会主要矛盾下的生产力解放和生

[①] 李彬、金梦迪、段雨晨：《新发展阶段、新发展理念与新发展格局研究》，《政治经济学评论》2023 年第 2 期。
[②] 徐政、郑霖豪、程梦瑶：《新质生产力助力高质量发展：优势条件、关键问题和路径选择》，《西南大学学报（社会科学版）》2023 年第 6 期。

产力发展。

新发展理念是推动加快形成新质生产力的思想引领，而加快形成新质生产力是新发展理念的社会实践。没有正确的理念，就没有有效的制度保障，就没有正确的社会实践。新质生产力的快速形成必须依靠适合这种生产力存在、发展和突破的经济环境、制度环境和文化环境。

三、新发展格局是新的路径选择

走新型工业化道路，是我国加快构建新发展格局、着力推进经济高质量发展的内在要求，也是新质生产力推进中国式现代化的关键任务。新型工业化道路的"新"，意味着更多地依赖于技术创新和高端制造业的发展，更多地注重人才培养和科技引领，恰好与新质生产力的"新"相契合。新质生产力带来的数字化、网络化、智能化的生产方式将促进工业生产的高效、精准和智能化，进而提高产业附加值和国际竞争力，为中国的工业发展提供新的内驱力。[1]

加快构建新发展格局是推动高质量发展的战略基点，给新质生产力创造良好的国内国际环境条件。首先，增强国内大循环内生动力和可靠性。国内市场是中国社会经济发展的立足点，国内大循环是中国经济循环的主体。当前，逆全球化思潮、单边主义、霸权主义、保护主义明显上升，国内循环活力不足，要深化要素市场改革、完善产权保护、强化资本要素管理、建设现代税收制度等。其次，提升国际循环质量和水平。国际大循环是促进中国社会发展的

---

[1] 任保平、王子月：《新质生产力推进中国式现代化的战略重点、任务与路径》，《西安财经大学学报》2024年第1期。

必要手段，国内国际双循环相互促进是高质量发展的题中应有之义。实践证明，改革开放是实现中国经济发展和人民富裕的科学战略，是实现中国式现代化的关键。必须坚持高水平对外开放，扩大交流合作，引进国外优质人才、先进技术和雄厚资金，增强创新能力，形成国际竞争新优势。最后，准确把握国内循环和国际循环的协同关系，实现两种资源的联动效应。

第三节　21世纪涌现出的新兴产业和未来产业

新质生产力面向战略性新兴产业和未来产业。产业是生产力发展的重要载体和表现形式，战略性新兴产业和未来产业是新质生产力发展的重点领域，符合高质量发展要求。近年来，各国快速发展战略性新兴产业和未来产业，以提升国际竞争优势和实现跨越发展。战略性新兴产业是我国经济高质量发展的重要支撑，具体包括新能源、新材料、先进制造、电子信息等产业。为促进新兴产业发展的标准化和体系化，我国已推出《新产业标准化领航工程实施方案（2023—2035年）》。未来产业是指具有发展性、战略性、高成长性的新型高技术产业，囊括基因技术、元宇宙、量子信息等领域。各国加强对未来产业的战略部署，加快布局未来产业，抢占未来产业创新发展高地。战略性新兴产业和未来产业具有巨大发展潜力和未来前景，关乎我国经济社会发展方向，关乎我国国际竞争力与影响力。新质生产力面向战略性新兴产业和未来产业，这两者也直接影响了新质生产力发展水平与发展程度。[①]

一、新兴产业

为加快形成新质生产力，需将颠覆性技术创新与培育壮大战略性新兴产业、提前布局未来产业、改造提升传统产业结合起来，协同推进发展。在这一过程中，一是要发挥好"有效市场"与"有为政府"的作用，"有为政府"发挥产业政策引导作用是基于广大市场主体的共识判断，而不是政府部门人为地确定或改变产业的发展方向；[②]二是颠覆性技术创新的推广普及过程中，与之相匹配的新型基础设施建设起着不可替代的关键性作用，在一定程度上决定着新兴产业集群的技术发展方向；三是促使颠覆性技术创新及相关新型基础设施建设，在产业链上下游之间、产业之间、区域之间、新旧业态之间能够实现兼容性融合。[③]

劳动生产依托是判别经济时代的一个重要标志。发展新兴产业和未来产业是符合中国当前社会经济发展基础，以及未来经济发展规划的生产依托，体现人民进行社会高质量生产的劳动空间，指向社会高质量发展的产业实体。当前，加快形成新质生产力，应不断壮大新兴产业，加快培育未来产业。

首先，从新兴产业和未来产业的主体来说，应坚持中国共产党

[①] 袁银传、王馨玥：《论新质生产力的内涵、特征和意义——兼论马克思主义生产力理论的创新发展》，《青年学报》2024年第1期。
[②] 钟茂初：《"有为政府"在市场经济发展中的作用机理》，《人民论坛》2021年第36期。
[③] 钟茂初：《"新质生产力"发展演进及其增长路径的理论阐释》，《河北学刊》2024年第2期。

的领导。发展新兴产业和未来产业应集中统一领导，加强思想共识，巩固共产主义信仰。尤其是国有企业要当好现代产业链的"链长"。基于社会主义制度的优越性，国有企业具有相较于民营企业发展生产更大的资金优势、规模优势、政策优势。国有企业改革应做好顶层设计，带领一批新兴产业实现科技创新与科技成果转化，完成产业升级。此外，民营企业同样是现代化产业建设中的重要力量，国有企业应加强与民营企业的协同，着力构建国有企业与民营企业协同建设现代化产业体系的格局，多主体共同发力，促进社会总体产业基础的提升。

其次，从新兴产业自身来说，新兴产业的高效能、高科技、低消耗等鲜明特征为产业发展指明了方向。"世界正在进入以信息产业为主导的经济发展时期。我们要把握数字化、网络化、智能化融合发展的契机。"[1]依靠科技创新取得技术进步，在数字化、信息化、智能化方面实现突破进展，完成产业效能提升和节能减排，实现科技成果转化。同时，新兴产业应认识到自身同未来产业的指向一致性，以及转化为未来产业的可能性，进而前瞻布局前沿产业。增加科技含量，实现产业联合，谋求绿色发展，抢占市场空间，不断提升产品创新性和竞争力，成为未来产业生力军。

最后，从未来产业自身来说，结合"十四五"规划对未来产业的指示，应瞄准人工智能、量子信息、集成电路、生命健康、脑科学、生物育种、空天科技、深地深海等前沿领域，关注这些领域的发展趋势，重视自身发展局限的突破，明确未来发展目标，促进

---

[1] 《习近平谈治国理政》第3卷，外文出版社2020年版，第247页。

未来产业的培育。同时，加大前沿领域之间以及前沿领域与其他科学领域之间的协同合作，相互借鉴优秀的研究方法与创新性研究成果，加大新技术的扩散、渗透与融合，推进未来产业的孵化。[①]

要以新型工业化为主导推动形成新质生产力，积极培育新兴产业和未来产业，推动传统产业与新兴产业协同发展，构建现代化产业体系。工业生产力是社会生产力水平的集中体现。工业是一国综合国力的根基，工业变革的历史推动力极强，社会意义深刻。工业化是科学发现和技术发明不断推动产业发展和大规模物质创造的过程。工业是中国改革开放最先进、彻底，生产力最活跃和变革最迅速的领域。工业生产力是推动生产关系、上层建筑和劳动过程变革最强劲的革命性驱动力。深入推进新型工业化，促进工业化和信息化深度融合，构建以先进制造业为骨干的现代化产业体系，是实现中国式现代化的必由之路。制造业的服务化、技术信息的协同化和产业融合发展的生态化是生产资源和生产能力共享的结果。新型工业化高度关注数字科技的赋能发展，为全社会生产力的提升与产业结构的优化提供了重要的物质手段和前提条件。新型工业化是加快形成新质生产力的主阵地，为新质生产力提供物质基础。[②]

二、未来产业

2023年9月7日，在主持召开新时代推动东北全面振兴座谈会时，习近平总书记强调："积极培育新能源、新材料、先进制造、

[①] 潘建屯、陶泓伶：《理解新质生产力内涵特征的三重维度》，《西安交通大学学报（社会科学版）》2024年第1期。
[②] 胡莹：《新质生产力的内涵、特点及路径探析》，《新疆师范大学学报（哲学社会科学版）》2024年第4期。

电子信息等战略性新兴产业，积极培育未来产业，加快形成新质生产力，增强发展新动能。"习近平总书记从国家战略性新兴产业蓬勃发展的历史大势审视整合科技创新资源，明确了引领发展战略性新兴产业和未来产业的重要性，为新时代推动东北全面振兴、促进东北地区传统产业转型升级、助力新兴产业创新性发展指明了方向。东北地区乃至全国要紧紧抓住这一战略机遇，加大科技创新、产业升级和人才培养力度，确保在新时代推进战略性新兴产业和未来产业以及加快形成新质生产力的过程中焕发新的生机与活力。[1]

习近平总书记指出："要围绕产业链部署创新链、围绕创新链布局产业链，前瞻布局战略性新兴产业，培育发展未来产业，发展数字经济。"[2]

新质生产力的形成与发展根本支撑在于发展一批具有技术含量高、国际竞争力强、发展空间大的新型产业。一要大力发展与数字经济有关的人工智能、未来网络、数字化运用等新兴产业。数字经济是全球经济未来的发展方向，做大做强做优数字经济已经成为我国经济社会发展的战略布局。打造具有全球影响力的机器人产业创新高地，在品牌、应用场景和产业规模方面实现突破。促进数字经济和实体经济深度融合，推进数字产业化和产业数字化，打造具有国际竞争力的数字产业集群，赋能传统产业转型升级，催生产业新业态新模式。二要大力发展与生态经济有关的新能源、清洁生产、绿色环保等产业。新质生产力具有绿色可持续发展的内在特质，要

---

[1] 令小雄等：《新质生产力的三重向度：时空向度、结构向度、科技向度》，《新疆师范大学学报（哲学社会科学版）》2024年第1期。
[2] 《十九大以来重要文献选编》（中），中央文献出版社2021年版，第763页。

新质生产力：高质量发展的新引擎

强调绿色为底色，发展以氢能、核能、太阳能、风能为代表的绿色新能源，建设绿色工厂、绿色工业园区，大力发展新能源汽车、光伏、锂电池等环保产业，打造生态产业集群。三要大力发展与文化经济有关的文旅产业、文创产业。目前，我国已经基本形成了由出版、影视、传媒、娱乐、演出、音像、网络文化产业，以及艺术品市场等组成的文化产业群。构建现代文化产业体系，以结构调整为主线，以深化改革促进结构调整和市场整合，以转变经营模式促进产业优化升级和效益增长，实现壮大实力、增强活力、提高竞争力的目标。释放文化产业集聚效应，发挥文化产业园区作用，依托于经济与文化高度发达的城市，以聚集形态形成文化产业园区。四要大力发展与工业经济有关的高端装备制造、钢铁冶金、新材料等产业。工业是现代经济的压舱石。推动航空航天、深海开发、轨道交通、智能装备、芯片等高端制造业加速转型升级。要以龙头企业为牵引，推动产业链向上下游延伸，形成较为完善的产业链和产业群，吸引更多经营主体进入工业经济领域，尤其是要推动制造业高端化、智能化、绿色化发展。五要大力发展与健康经济有关的生物制药、中医药、医疗器械、健康管理等产业。历史唯物主义视域下，生产力尺度不仅表现为创造物质财富，而且也表现为实现人的自主活动乃至人的解放。新质生产力的发展会以全新的方式渗透到人的物质生产和精神生产全部领域，从而实现人的全面自由发展。应以实现人的全面自由发展为目标，坚持健康中国战略，加强技术研发和科技创新，大力推动一系列康养产业的发展。

第五章

实践要求：新质生产力路在何方？

当前，新一轮科技革命和产业变革正在重构全球创新版图、重塑全球经济结构。我国既面临着难得的历史机遇，也面临着差距拉大的严峻挑战。形势逼人、使命逼人，我国必须加快发展新质生产力，开辟新赛道、激发新动能，打造经济增长新引擎、塑造国际竞争新优势。在强国建设、民族复兴新征程上，推进中国式现代化最根本的是要实现生产力的现代化。新质生产力本质是先进生产力，发展新质生产力要切实把思想和行动统一到习近平经济思想和党中央决策部署上来，聚焦经济建设这一中心工作和高质量发展这一首要任务，不断增强推动新质生产力发展的自觉性和主动性，提高推动新质生产力发展的实践本领，因地制宜发展新质生产力。

第一节　聚焦先进生产力加强科技创新

新质生产力是现代化的先进生产力，具有创新驱动、科技引领未来的特性。科技是先进生产力的集中体现和主要标志。新质生产力是以科技创新为主导的生产力，需要摆脱传统经济增长路径和生产力发展路径。习近平总书记指出："科技创新能够催生新产业、新模式、新动能，是发展新质生产力的核心要素。必须加强科技创

新质生产力：高质量发展的新引擎

新特别是原创性、颠覆性科技创新，加快实现高水平科技自立自强，打好关键核心技术攻坚战，使原创性、颠覆性科技创新成果竞相涌现，培育发展新质生产力的新动能。"[1]

一、全面提升科技创新实力

科技创新是发展新质生产力的核心要素，其中最根本的是实现"从 0 到 1"突破的颠覆性技术。正如习近平总书记强调："加快科技创新是推动高质量发展的需要。建设现代化经济体系，推动质量变革、效率变革、动力变革，都需要强大科技支撑。"[2] 今天的中国已经不缺大产业、大企业，但缺少掌握关键核心技术、具备全球竞争优势的世界一流企业。我国必须向新质生产力要经济发展新动能，培育一批能够突破"低端锁定"、向"微笑曲线"两端延伸，甚至实现技术反向输出的世界一流企业，实现从经济大国、制造大国向科技强国、经济强国、制造强国的转变。

随着新一轮科技革命的快速迭代升级与突破，科技在生产力构成要素中的主导作用将愈发突出。只有颠覆性、突破性、引领性科学技术的发明、突破、扩散和使用，才能使生产力的能级出现裂变式的提升。新质生产力创新驱动的具体实现，需要聚焦核心要素，加快应用最新科技成果，推动数字经济和实体经济深度融合，促进数字产业化和产业数字化，推动传统产业转型升级，大力发展战略性新兴产业、布局发展未来产业。把创新作为最大政策，将创新

---

[1] 《习近平在中共中央政治局第十一次集体学习时强调 加快发展新质生产力 扎实推进高质量发展》，《人民日报》2024 年 2 月 2 日。
[2] 习近平：《在科学家座谈会上的讲话》，《人民日报》2020 年 9 月 12 日。

第五章 实践要求：新质生产力路在何方？

链、产业链、资金链和人才链深度融合，不断开辟科技创新发展新领域、新赛道，激荡起高质量发展的新动能。

当前，我国许多地方的科研能力和产业发展在全球处于整体"并跑"、部分"领跑"水平，走出了一条"基础研究—技术开发—成果转化与孵化—未来产业"创新发展路径，科技创新实力大幅提升，也积累了丰富的未来产业发现培育的实践经验。从主要指标来看，2012—2021年我国全社会研发投入从1.03万亿元增长到2.79万亿元，位居世界第二；研发投入强度从1.91%增长到2.44%，接近经合组织国家的平均水平。世界知识产权组织发布的全球创新指数报告排名显示，我国从2012年的第34位上升到2021年的第12位。2012—2021年我国制造业增加值由16.98万亿元增长到31.401万亿元，稳居世界首位；制造业增加值占全球比重提高到29.31%，在世界各主要经济体中位居首位。从重大突破来看，我国在化学、材料、物理、工程等学科整体水平明显提升，在量子信息、干细胞、脑科学等方向实现重大突破；首次观测到三维量子霍尔效应，首次实现原子级石墨烯可控折叠，研发出世界首款异构融合类脑计算芯片"天机芯"。铁基高温超导、纳米限域催化、量子计算原型机、二氧化碳人工合成淀粉等一批高水平的重大原创成果，引领我国的凝聚态物理、分子科学、纳米材料、干细胞等一批重要前沿方向进入世界第一方阵；探月工程、火星探测计划、载人航天工程等顺利实施，悟空、墨子、慧眼等科学实验卫星成功发射；高性能装备、智能机器人、增材制造、激光制造等技术突破有力推动制造业升级发展，新能源汽车、新型显示产业规模居世界第一；超级计算、大数据、区块链、智能技术等加快应用，

新质生产力：高质量发展的新引擎

推动人工智能、数字经济蓬勃发展，移动支付、远程医疗、在线教育等新技术深刻改变生活方式。①

我国具有社会主义市场经济的体制优势、超大规模市场的需求优势、制造业体系配套完整的供给优势、大量高素质劳动者和企业家的人才优势，充分地释放独特制度红利、市场需求红利、制造大国红利和人口质量红利，全面提升科技创新实力。科技创新离不开要素的支撑，要集中力量对战略性新兴产业和未来产业的产业链供给丰富的土地、资金、人才、技术等要素。科技创新中新型劳动者至关重要，构建全生命周期学习的制度体系，以不断提升全社会劳动者的知识储备和技能水平，推动人口整体素质不断提高、现代化人力资源分布合理等与高质量发展相适配的人口高质量发展格局，壮大新质生产力中适应新时代发展要求的新型劳动者规模。数字经济时代，劳动对象和劳动工具的数字化程度不断提升，数据要素的作用越来越重要。优先打造创新型数字经济生态，引导创新型企业的生产数据与国内产业链融合，进一步优化数字所有权和使用权流转，通过大数据赋能创造市场需求。在基础设施供给方面，发挥好政府投资的带动放大效应，加大信息基础设施、融合基础设施和创新基础设施等新型基础设施建设的投资力度，尽快建成布局完整、技术先进、运行高效、支撑有力的创新基础设施体系。

---

① 杨舒：《这十年，看科技创新力量磅礴》，《光明日报》2022年6月7日。

二、畅通科技成果向新质生产力转化渠道

科技创新是产业创新的决定性前提和关键性支撑，其中成果转化是加快发展新质生产力的重要路径。要坚持统筹推进科技创新和产业创新，建立以市场为导向、产学研用深度融合的体制机制。建立重大科研项目接力支持机制，将项目立项实施与概念验证相贯通，及时将科技创新成果应用到产业和产业链上。科技创新成果向新质生产力转化，需要开展高价值科技成果培育、组织科技成果中试等，具有高投入、高收益、高风险等特点。要畅通高校科技成果转化投资渠道，支持高校科研团队利用科研项目结余经费开展重大科技成果产业化。建立高校科技成果转化奖励和风险分担机制，对企业承接高校科技创新成果的，给予企业、高校、技术转移服务机构补助奖励。

推动科技成果向新质生产力转化，关键在于突破性的科研成果及科技成果的有效转化。科技成果转化的过程，本质上是科技供给与市场需求匹配的过程，要由市场出题，让科技界答题，建立以企业为主体、需求为牵引、产学研相结合的科技成果转化体系，建立市场主导、政府主导的供给方和需求方有效连接机制。统筹协调相关职能部门，建立完善与企业创新相配套的平台载体，积极扶持科技中介机构，更好地助力企业科技成果落地转化。

推动科技成果向新质生产力转化，就要打通科技成果从样品到产品再到商品的演化路径。要加快完善创业者到企业主再到企业家的成长链条，培育一批勇于创新、敢于冒险的创业人才，孕育一批科技成果转化践行者。完善"企业育成链"，培育一批研发投入

高、产品定位全球、品高价优的高科技企业,提升科技成果吸纳能力;完善"成果转化链",建设一批成果转化服务机构,培育一批技术转移人才,搭建一批成果转化数字平台,实现有效供给和有效需求的高效匹配。

推动科技成果向新质生产力转化,要实施"有组织科研+有组织成果转化",积极探索职务科技成果权属改革,进一步激发科研人员转化成果的内生动力和创新活力,促进新科技、新要素和新产业融合发展。加快完善科技创新体制机制,强化科技创新全链条管理和一体化实施,扎实推进科技人才评价改革综合试点、职务科技成果权属制度改革和科研项目组织方式改革,加快建立多层次、全周期的科技金融服务体系,畅通教育、科技、人才良性循环,促进创新要素加速向发展新质生产力流动。

三、强化知识产权保护

以专利为代表的技术类知识产权是国家发展的战略性资源和国际竞争力的核心要素。做好知识产权保护,是高水平推动科技成果转化的重中之重。加大对知识产权和原始创新的保护力度,激发企业和人才的原始创新动力。不断完善知识产权评价和知识产权保护方面的政策、措施,积极向企业提供有关知识产权的全方位服务,更好地激发企业创新创造的积极性。

促进新质生产力的发展,要强化知识产权司法保护。目前,在最高人民法院知识产权法庭基础上,应组建国家知识产权法院,并将其作为最高人民法院的下一审级法院、各地知识产权法院,以及有关中级人民法院一审技术类知识产权案件的二审法院,集中管辖全国范围内专业技术性较强的知识产权上诉案件和垄断上诉案件。地方政府要进一步健全机制、政策激励，加大知识产权保护力度，建立知识产权运营服务平台，推动知识产权数据存证保护区块链平台建设，构建数字化知识产权区块链证据保全机制，为创新主体提供知识产权全链条全周期服务。建立快速预审、快速确权、快速维权机制，助推知识产权快速转化和运用。健全保护机制，深化保护执法协作，建立"调解先行＋简案速裁＋难案会审"机制，及时有效地化解知识产权纠纷，助力创新环境持续净化。

促进新质生产力的发展，要加强社会监督共治，构建知识产权大保护工作格局。建立健全奖优惩劣制度，提高执法监管效能。加强监督问责，推动落实行政执法信息公开相关规定，更大范围更大力度公开执法办案信息，接受社会和舆论监督。完善知识产权仲裁、调解、公证工作机制，培育和发展仲裁机构、调解组织和公证机构。鼓励行业协会、商会建立知识产权保护自律和信息沟通机制。引导代理行业加强自律自治，全面提升代理机构监管水平。加强诚信体系建设，将知识产权出质登记、行政处罚、抽查检查结果等涉企信息，通过国家企业信用信息公示系统统一归集并依法公示。建立健全志愿者制度，调动社会力量积极参与知识产权保护治理。[①]

四、突出企业科技创新的主体地位

党的二十大报告对强化企业科技创新主体地位已经作出明确部

---

① 中共中央办公厅、国务院办公厅：《关于强化知识产权保护的意见》，国家知识产权局网 2019 年 11 月 24 日。

新质生产力：高质量发展的新引擎

署："强化企业科技创新主体地位，发挥科技型骨干企业引领支撑作用，营造有利于科技型中小微企业成长的良好环境，推动创新链产业链资金链人才链深度融合。"企业从"技术创新主体"转变为"科技创新主体"，表明企业在国家创新体系中的地位、角色、使命、任务都发生了很大变化。企业不仅是技术创新主体，要解决技术问题，同时也是科学研究主体。只有让企业成为科技创新活动的主体，而不仅仅是成果应用的主体，才能使企业从源头全过程参与，从基础研究、应用基础研究到技术创新、成果转化都能发挥主体作用。企业是先进生产力的代表，也是培育发展新质生产力的主体，加快培育发展新质生产力，需要进一步强化企业科技创新的主体地位，加大政策支持和资源倾斜，培育更多科技型领军企业，健全以企业为主体的产学研一体化创新机制，加快打造一批国家级创新平台和产业联盟，集聚优势资源突破产业瓶颈，加快形成新质生产力，形成龙头牵引、集群共进、大中小企业融通发展的产业生态，助力国家高质量发展。各级政府要进一步加大对企业成为科技创新主体的支持，不论国有、民营、大中小微企业，只要从事科技创新活动，以科技来提升企业的发展质量、发展水平和竞争力，都要全力支持，而且在权利、机会和规则三个方面平等支持。

推动发展新质生产力，应强化企业科技创新主体地位，赋能产业高质量可持续发展。鼓励国有企业、集体企业、民营企业等加强应用基础研究，在核心技术上不断实现新突破，掌握更多具有自主知识产权的核心技术，掌控产业高质量发展的主动权、主导权，推动科技成果在本地孵化转化。同时，应探索建立高效协同的创新体系和全过程的成果转化支持机制，培育产学研结合、上中下游衔接、大中小企业协同的良好创新格局，共同打造创新"增长极"。特别地，还要营造良好科技创新生态环境，牢固树立"人才是第一资源"的理念，发挥好高校和科研院所基础研究专家和企业科技创新精英的重要作用，加大科研资源向核心科研人员和企业倾斜，协同做好科技创新人才激励培育保障措施。

第二节　围绕发展新质生产力布局产业链

产业是经济发展的根基与命脉，也是生产力的载体，科技成果只有产业化才能成为社会生产力。习近平总书记强调："要及时将科技创新成果应用到具体产业和产业链上，改造提升传统产业，培育壮大新兴产业，布局建设未来产业，完善现代化产业体系。要围绕发展新质生产力布局产业链，提升产业链供应链韧性和安全水平，保证产业体系自主可控、安全可靠。要围绕推进新型工业化和加快建设制造强国、质量强国、网络强国、数字中国和农业强国等战略任务，科学布局科技创新、产业创新。要大力发展数字经济，促进数字经济和实体经济深度融合，打造具有国际竞争力的数字产业集群。"[①]

[①] 《习近平在中共中央政治局第十一次集体学习时强调　加快发展新质生产力　扎实推进高质量发展》，《人民日报》2024年2月2日。

新质生产力：高质量发展的新引擎

一、完善现代化产业体系

现代化产业体系是现代化国家的物质技术基础，也是发展新质生产力的物质技术基础。习近平总书记强调："面对新一轮科技革命和产业变革，我们必须抢抓机遇，加大创新力度，培育壮大新兴产业，超前布局建设未来产业，完善现代化产业体系。"① 发展新质生产力要加快建设现代化产业体系，充分发挥我国完整产业体系优势，巩固优势产业领先地位。我国是制造大国，智能制造是人工智能与制造业深度融合而形成的新型生产方式，是新质生产力的重要内容。大力实施制造业技术改造升级工程，加快推动制造业智能化改造和数字化转型，让物联网、大数据、人工智能等新兴技术加快渗透融入制造业各领域各环节，推动研发模式、生产方式、组织形态等加速重构，提高全要素生产率，不断塑造发展新动能新优势。

从目标要求来看，我国产业发展和现代化产业体系建设仍存在一些问题需要解决。坚持问题导向不等于头痛医头、脚痛医脚，而是要明确产业体系建设方向，运用系统思维从根本上解决我国产业发展中存在的问题。例如，解决我国基础学科建设与原始创新能力不足问题，要从科学体系、产业体系、制度体系等方面统筹发力，通过原始创新、技术应用、产品开发等上下游协同拉动，既要健全新型举国体制发挥大企业的核心作用，又要运用市场化手段鼓励中小企业科技创新，同时还要全面培养创新型、应用型、技能型人才。从战略选择来看，坚持供需两侧发力，拓展现代化产业体系发

---

① 《习近平在参加江苏代表团审议时强调　因地制宜发展新质生产力》，《人民日报》2024年3月6日。

展空间。既要坚决贯彻落实扩大内需战略，增强国内大循环内生动力和可靠性，又要强化科技、人才、数字、资金等要素的投入，扩大有效供给和中高端供给，增强供给结构对需求变化的适应性，加快形成需求牵引供给、供给创造需求的更高水平动态平衡，为现代化产业体系建设提供广阔发展空间，更好抵御风险、迎接挑战。从实践策略来看，建设现代化产业体系重在补短板、锻长板、确保产业体系自主可控、安全可靠，力争在全球产业链布局和国际分工中占据有利位置。我国要集中力量，采取多种措施补齐产业发展的短板，做好应对预案，深入推进强链、补链、稳链，提升产业链韧性和安全性。同时，还要实施高水平对外开放，深度参与全球产业分工和合作，在中国与世界各国良性互动、互利共赢中推进现代化产业体系建设。

　　完善现代产业体系，要突出构建以先进制造业为骨干的现代化产业体系这个重点。要把改造提升传统产业摆在更加重要的位置，加快传统产业高端化、智能化、绿色化发展。同时，要以推动数字技术与实体经济深度融合为主线，形成适应数字经济和智能经济高质量发展要求的先进生产力。实施数字经济核心产业加速行动，重点布局数字新产业、数据新要素、数字新基建、智能新终端等重点领域，打造一批5G、大数据、人工智能等领域的国家应用示范标杆。例如，我国新能源汽车产业之所以能高速发展，得益于多方合力不断推进新能源汽车研制生产数字化、网络化、智能化，实现制造业深度转型。而这正契合新质生产力发展要义。加快围绕新质生产力布局新能源汽车产业链，必须加速产业链与创新链深度融合，加速新能源汽车的创新，让新技术、新产品始终走在市场前沿。扎实做好强链、补链和延链工作，为新能源汽车产业量身打造具有韧性的产业链供应链。做大做强产业链龙头企业，让其更好地发挥引领带动作用，带动零部件配套企业聚集，提升产业整体发展水平，提升汽车产业链韧性，助推新能源汽车产业不断向高端化发展。

二、加快推进新型工业化

推进新型工业化是发展新质生产力的一个重要途径，二者相辅相成、相互促进。党的十八大以来，我国新型工业化步伐显著加快，成绩突出，为实现高质量发展、取得更大成就打下了坚实基础。同时我们也应看到，我国科技创新主体作用发挥还不够，企业自主研发投入不足、原始创新动力缺乏。中小企业数字化水平总体不高，数字化、智能化产品和服务供给还比较缺乏。新型工业化是现代化产业体系中的工业化，新型主要表现在信息化、数字化以及绿色化、低碳化上，代表的是不同的现代化水平。对比传统工业化与新型工业化，前者是低附加值的，而后者是高附加值的。造成这种差别的深层原因在于生产方式不同，单一品种大规模生产的传统工业化生产方式，必然造就规模大但利润低的低附加值的经济。而小批量多品种的先进生产方式，必然造就批量小但利润高的高附加值的经济。

以新型工业化为引擎，加快形成新质生产力。习近平总书记指出："要完整、准确、全面贯彻新发展理念，统筹发展和安全，深刻把握新时代新征程推进新型工业化的基本规律，积极主动适应和引领新一轮科技革命和产业变革，把高质量发展的要求贯穿新型工业化全过程，把建设制造强国同发展数字经济、产业信息化等有机结合，为中国式现代化构筑强大物质技术基础。"[1] 新型工业化中的"新"与新质生产力中的"新"有一个共同的内核，两者都坚持创新、协调、绿色、开放、共享的新发展理念。加快推进新型工业化，要注重把握技术先进性，顺应新一轮科技革命和产业变革趋势，以制造强国建设为着力点推进中国式现代化。以推动新型工业化为重要抓手，提高生产力的现代化水平，在工业生产力基础上发展数据生产力。提高生产方式的现代化水平，在工业生产方式的规模化基础上，发展出以新质生产力支持的定制能力，把转型重点放在以科技创新支撑转变生产方式上，实现大规模定制。以新型工业化推动新质生产力发展，要发展战略性新兴产业，推动传统产业和新兴产业的协同发展。同时，要推动数字经济与实体经济融合发展，借助物联网、大数据、人工智能、云计算等核心数字技术，企业在业务经营及内部管理的每个环节产生的数据，都将转化为辅助企业实现降本、提质、增效的生产要素，促进新质生产力的快速发展。

三、积极培育新兴产业和未来产业

战略性新兴产业和未来产业，是构建现代化产业体系的关键，是发展新质生产力的主阵地。发展新质生产力，培育新兴产业、发展未来产业是重点任务。当前，发展由技术革命性突破、生产要素创新性配置、产业深度转型升级而催生的新时代先进生产力，已经在全社会形成强烈共识。党的十八大以来，我国在高铁、航天、核

---

[1] 《习近平就推进新型工业化作出重要指示强调 把高质量发展的要求贯穿新型工业化全过程 为中国式现代化构筑强大物质技术基础》，《人民日报》2023年9月24日。

新质生产力：高质量发展的新引擎

电等很多高科技制造产业领域都取得了巨大突破，这为发展壮大新兴产业奠定了坚实基础。但是，对标国际先进水平，我国战略性新兴产业仍有不小差距，特别是高端芯片、精密装备、基础材料、工业软件等领域，需要持续攻克关键核心技术。此外，未来产业前期投资大、时间周期长、技术难度高、布局规划还不够清晰。推动新质生产力发展，要积极培育新兴产业和未来产业。实施产业创新工程，完善产业生态，拓展应用场景，促进战略性新兴产业融合集群发展。巩固扩大智能网联汽车和新能源汽车等产业领先优势，加快前沿新兴氢能、新材料、创新药等产业发展，积极打造生物制造、商业航天、低空经济等新增长引擎。制定未来产业发展规划，开辟量子技术、生命科学等新赛道，创建一批未来产业先导区。

加快发展新兴产业和未来产业，要持续发展人工智能、大数据、新型半导体显示技术、新能源光伏等技术，把关键战略技术、材料技术和器件功率技术牢牢掌握在自己手中，进一步加大对5G、智能制造、工业互联网等领域的基础研究。充分发挥社会主义市场经济条件下的新型举国体制优势，强化高水平自主技术要素供给，推进新一代信息技术、生物技术、新能源、新材料等领域的关键核心技术攻关工程，突破关键共性技术、前沿引领技术等，前瞻谋划类脑科学、量子信息、基因技术、未来网络、深海空天开发等前沿科技和产业变革领域，以科技创新推动产业创新，以人工智能赋能新型工业化，发展战略性新兴产业，开辟未来产业新赛道。

加快发展新质生产力，将对产业体系的现代化发挥全面的积极推动作用。例如，对战略性新兴产业和未来产业，可拓展新增长点。近年来，发展比较快的是数字经济、新材料、新能源，这说明这些产业大有前途。当前，我国的新能源汽车占全球市场份额超过60%，大力发展新能源汽车就是抓住了发展新质生产力的机遇。要持续以科技创新为引领，乘势而上壮大汽车"首位产业"，加快建设先进光伏、新型储能等产业集群，巩固提升新一代信息技术产业，壮大新材料优势产业，培育一批具有比较优势的未来产业集群，进一步夯实新质生产力载体支撑。

党的十八大以来，我国高端装备制造业的高歌猛进，就是不断推动新质生产力形成发展的生动实践。新质生产力的发展，就是在推进高质量发展过程中要素集成和能力组合的过程。发展新质生产力要及时将科技创新成果应用到具体产业和产业链上，培育壮大新兴产业，完善现代化产业体系，让各类先进优质生产要素向发展新质生产力顺畅流动。一要大力发展新一代人工智能。加快培育大模型开放创新生态，打造自主可控开源生态，建设大模型集聚区。加大人工智能复合型人才培养，建设人工智能新型教育机构，优化适应人工智能迭代需求的人才和岗位结构等。加强大模型安全治理，深入研究大模型治理技术体系。二要大力发展低空经济。在高质量地推进新型工业化中，打造低空经济等若干战略性新兴产业。低空经济是新质生产力的重要代表，对低空空域这一未被充分利用的自然资源进行转化，未来将产生不可估量的经济资源。在国家层面制定低空经济产业政策，推动低空空域管理改革，试点低空基础设施建设，加大低空航空器研发力度，打造低空特色应用场景。三要大力发展数字疗法产业。随着数智化技术向医疗健康领域不断渗透，数字疗法在全球加速兴起。当前，我国数字疗法处于起步阶段，在产品分类监管、临床试验标准、商业模式落地、医疗保险覆盖等方面还存在不少制约，迫切需要探索制度创新、加强政策引导。要在国家层面研究制定数字疗法产品分类标准，促进数字疗法商业模式落地，支持医院合作开展数字疗法创新试点等。

培育壮大新兴产业、发展未来产业，要做强未来高端装备。面向国家重大战略需求和人民美好生活需要，加快实施重大技术装备攻关工程，突破人形机器人、量子计算机、超高速列车、下一代大飞机、绿色智能船舶、无人船艇等高端装备产品，以整机带动新技术产业化落地，打造全球领先的高端装备体系。深入实施产业基础再造工程，补齐基础零部件、基础元器件、基础材料、基础软件和基础工艺。

四、加快推进产业数字化转型

从工业经济时代走向数字经济时代，世界经济发生着全方位、革命性的变化，产业数字化便是最显著的表现之一。当前，产业数字化不断深入发展，平台经济、工业互联网、智能制造等新业态新模式不断涌现，成为数字经济的重要组成部分。产业数字化为数字经济发展提供了重要支撑，也成了国民经济发展新动能的重要来源，在实现我国经济高质量发展方面起到了重要作用。发展新质生产力，要推动数字经济和实体经济融合发展，把握数字化、网络化、智能化方向，推动制造业、服务业、农业等产业数字化，利用互联网新技术对传统产业进行全方位、全链条的改造，提高全要素生产率，发挥数字技术对经济发展的放大、叠加、倍增作用。数字技术的不断成熟形成了科技驱动的新产业生态，推动产业数字化转型升级加速，数字技术也因此成为传统实体经济与数字化经济的重

第五章 实践要求：新质生产力路在何方？

要"连接器"。一方面，数字化基础较好的传统产业，由原来小范围探索阶段步入规模化应用阶段，提升产业整体绩效；另一方面，数字化基础较薄弱的传统产业，也将利用数字技术重塑产业格局、改造产业生态，从而实现弯道超车。

数字化时代，我们要以广泛深刻的数字变革赋能经济发展、丰富人民生活、提升社会治理现代化水平。在推进产业数字化转型中，加快提升培育发展新质生产力的数字支撑能力。数字经济与实体经济深度融合，科研范式已发生深刻变革。数据成为新的生产要素，算力成为新的基础能源，人工智能成为新的生产工具，三者已成为新质生产力发展的重要支撑和核心载体。因此，需要加快发展数字支撑能力建设，使其成为新质生产力的孵化器。数据要素的"聪明"程度由算力驱动，要加快形成全国一体化算力体系，完善绿色算力发展机制和规划，引导"东数西算"协同创新生态体系的布局，发展更绿色低碳的算力体系。数字经济的快速发展已重塑城乡居民生活和消费习惯，要营造活跃的市场生态，建设全国数据要素统一大市场，发挥数据要素的乘数效应。促成数据交易健康繁荣发展，离不开一个技术先进、主体多元、创新活跃、生态完备的数商[①]生态圈。围绕数据要素化过程，完善数商培育的政策引导与支持，促进数据要素产业化发展。加快研制统一的数商分类分级、准入、管理的标准体系，建立多维度数商评估机制。建立数商培训体系，重点培育数据质量评估、数据合规评估、数据产品开发、数据资产评估等数商类型，发挥数商打通供需两端、挖掘应用场景、运

[①] 数商指的是在数据交易过程中，为加工、评估、定价、存储、交付等环节提供服务的企业。

营数据要素的重要作用。依托国家数据交易所开展数商认证，以高水平数商激发多层次数据要素市场的发展能力与活力。

加快推进数字技术发展，以数字技术赋能制造业与服务业融合，加快推进现代服务业与先进制造业、现代化农业的深度融合，激励企业加快数智化转型，推进数字产业化、产业数字化。

其一，在传统农业的数字化方面，要利用大数据、人工智能等数字技术，将农业生产过程中的经验性知识和技能数据化，通过数据分析等进行优化，为实现智能化和高效化的农业生产经营提供支撑。此外，也要健全市场和产业损害监测预警体系，开发提供产品生产情况、行情资讯、供需平衡等服务，推动农业绿色可持续发展。

其二，在传统制造业的数字化方面，数字技术能够提高企业生产效率、解决市场供需失衡等问题，推动传统企业转型升级。一方面，制造业转型升级动力源于数字技术影响下产品生产和制造过程的自动化和智能化水平的提升，以及分工组织的不断深化，从而实现产用结合和柔性生产；另一方面，数字经济又通过数据驱动促进制造业转型升级，并通过引导制造业与新兴数字技术融合发展，为制造业转型提供新动能。数字经济也能够拓展经济适用范围，显著降低生产成本，能够最大化发挥规模经济效应。

其三，在传统服务业全面数字化方面，服务业全面数字化升级将撬动经济发展的新动能。数字技术具有传播范围广、边际成本低等特征，可以穿透服务业的各个场景和环节，推动各要素的互联互通和资源配置的优化，促进全产业链上下游的高度协同。在供给端拓展生产可能性边界，在需求端提升消费者能力和意愿，并推动服务功能、价格、空间、时间等维度的有效匹配，推动产业效率提升。因此，要利用数字技术对传统服务业进行全方位、全链条的改造，实现传统服务业的数字化、精准化、智能化发展，不断发挥数字技术对业态的放大、叠加、倍增作用，最终促进服务业提质增效、健康发展，服务业也有望通过全面数字化转型实现弯道超车，成为推动新质生产力快速发展的重要抓手。

五、全面推进"人工智能+"行动

目前，人工智能通用大模型已成为继移动互联网技术之后最大的一波技术浪潮，人工智能成为新一轮科技革命和产业变革的重要驱动力量，全球范围内科技巨头争相布局，掀起创业热潮的链式反应。人工智能通用大模型正引领新一轮的人工智能热潮，市场对算力的需求急剧增长。因此，必须通过政策手段引导算力供给的大幅度增加，为人工智能发展提供有力支撑。

习近平总书记指出："加快发展新一代人工智能是我们赢得全球科技竞争主动权的重要战略抓手，是推动我国科技跨越发展、产业优化升级、生产力整体跃升的重要战略资源。"[1] 当前，我国在人工智能领域的一些关键核心技术已经走在了世界前列。但是，我国在人工智能基础理论和原创算法方面与发达国家的差距仍然较大，高端关键部件、高精度传感器等方面基础薄弱，尚未形成具有国际影响力的人工智能开源开放平台，算力资源短缺，高水平人才不足。

---

[1] 《习近平在中共中央政治局第九次集体学习时强调 加强领导做好规划明确任务夯实基础 推动我国新一代人工智能健康发展》，《人民日报》2018年11月1日。

在国家层面推动"人工智能+"行动，要强化顶层设计和统筹规划，统筹发展和安全，明确发展目标、主攻方向和关键任务。面对新一轮人工智能变革浪潮，要持续完善我国人工智能规划和政策体系，加强通用人工智能基础理论研究和关键技术研发，夯实基础软硬件生态底层基础。同时，要加强数据、算力等资源的汇聚及共享，加强人工智能风险预判和治理体系建设，让人工智能在服务企业升级中发挥更大作用。一是要统筹推进计算智能、感知智能、认知智能、运动智能的协同发展，夯实筑牢"人工智能+"发展根基；二是要以推进人工智能全方位、深层次融入实体经济重点领域、核心环节为方向，聚焦人民群众在教育、医疗、养老、娱乐等领域的美好生活需要，让人工智能不仅会"作诗"、更会"做事"；三是要充分发挥企业科技创新主体作用，整合优势资源，营造鼓励创新、勇于突破、包容试错的良好氛围，广泛吸引全球人工智能领军人才和知名学者，加速人工智能技术突破和应用普及；四是要以人工智能高水平安全保障人工智能高质量发展，全面审视技术基础架构、数据、模型、应用的安全规范和技术策略，系统锻造人工智能安全能力，形成一体化全程可信的"人工智能+"安全体系。

六、全力推动传统产业转型升级

传统产业是财富而不是包袱，推动传统优势产业转型升级提质，就是培育和发展新质生产力。要持续把大力发展先进制造业、培育发展新质生产力作为产业转型升级的主攻方向，以科技创新全面推动新旧动能转换，用新技术改造提升传统产业，促进产业高端化、智能化、绿色化。

传统产业与新质生产力不是对立关系，要重视传统产业创新，实现新质生产力与传统生产力协调发展、相互促进。目前，我国大部分企业处于传统产业范畴，提供了绝大多数就业，是经济主要动力来源。因此，要利用新技术改造提升传统产业，促进产业高端化、智能化、绿色化，统筹推进传统产业升级、新兴产业壮大、未来产业培育。传统产业也包含了生产性服务业，需加快实现现代化，为传统产业升级与发展新质生产力提供支撑。只有传统产业通过创新全面提质增效，才有条件提高全民就业水平和收入水平，进而支撑国内大循环。只有积极发展新质生产力，才能为未来带来更大的发展空间和更高的竞争力，并且对传统产业形成强大的创新支撑。

目前，我国生产的电视机占全球市场份额的57%、液晶显示屏在全球占比高达70%，这两大产业的发展路径就是产业转型升级的典型案例。推动传统产业转型升级，要大力推动"亩产效益"改革。在对工业企业亩均效益进行科学评价的基础上，依法依规实施差别化政策，引导资源要素向优质高效领域集中，通过低效土地治理、技术改造等"组合拳"，有效促进工业企业特别是传统制造业企业转型升级。发展新质生产力，必须统筹推进传统产业升级、新兴产业壮大、未来产业培育，加强科技创新和产业创新深度融合。运用好"亩产效益"改革的牵引作用，坚持从实际出发，不断完善综合评价体系，健全差别化政策体系，创新服务体系，努力促进、支持传统产业改造提升，通过技术创新、管理创新、模式创新实现提质增效，解决好工业经济发展中资源能耗高、经济效益低、环境污染大等问题，以最小的资源环境代价获得最大的产出效益。传统产业改造，优势产业做强，也需要新质生产力来促进。比如，机床行业是传统产业，但数控机床、智控机床就要抓住人工智能的浪潮；又如，"名特优新"①有许多各种形式的创新，在设计、个性化定制等方面还有很大潜力。

七、持续优化营商环境

营商环境是企业生存发展的"土壤"，是一个国家或地区参与竞争的重要"软实力"，也是推动新质生产力发展的"硬支撑"。只有不断激发广大企业创新创造的活力，才能培育高水平企业梯队，构建大中小企业融通发展、产业链上下游协同创新的生态体系，形成多元化的新质生产力推动力量。营商环境的持续优化，无疑是激发企业活力的"法宝"。

发展新质生产力是一个系统工程，要深入贯彻开放发展理念，扩大高水平对外开放，用好国内国际两个市场两种资源，增强资源配置能力，为发展新质生产力营造良好环境。党的十八大以来，各地持续优化营商环境，全力以赴攻难点、破堵点、优服务、提效能，以一流的营商环境助推经济高质量发展。由此可见，优化营商环境已经成为一项"永不竣工"的工程。只有真正俯下身、沉下心，凝聚最大合力，才能打造人人、时时、处处都重营商环境的良好氛围。要聚焦经营主体诉求，充分激发各类经营主体的内生动力和创新活力，做好支持经营主体发展政策预研储备。强化重点项目

---

① "名特优新"是指名牌产品、特色产品、优势产品和新兴产业。

服务保障，在准入准营等环节提供"一站式"精准服务。围绕服务建设全国统一大市场，深入开展民生领域反不正当竞争执法专项行动。要深化"法企同行"，持续开展提升行政执法质量行动，加强免罚轻罚"四张清单"规范适用指导，深化信用合规全过程指导，强化信用风险分类结果运用。加强知识产权保护和转化运用，加快创新成果向现实生产力转化。探索建立先进制造业和现代服务业融合发展统计监测，不断创新和丰富统计产品，使之成为检验新质生产力发展成效的"温度计"和服务经济社会高质量发展的"晴雨表"。

第三节　走生态优先、绿色发展之路

生态兴则文明兴，建设生态文明，关系人民福祉，关乎民族未来，也是新质生产力发展的内在要求。习近平总书记指出："绿色发展是高质量发展的底色，新质生产力本身就是绿色生产力。必须加快发展方式绿色转型，助力碳达峰碳中和。牢固树立和践行绿水青山就是金山银山的理念，坚定不移走生态优先、绿色发展之路。加快绿色科技创新和先进绿色技术推广应用，做强绿色制造业，发展绿色服务业，壮大绿色能源产业，发展绿色低碳产业和供应链，构建绿色低碳循环经济体系。持续优化支持绿色低碳发展的经济政策工具箱，发挥绿色金融的牵引作用，打造高效生态绿色产业集群。同时，在全社会大力倡导绿色健康生活方式。"[①]

一、以科技创新引领发展绿色生产力

推动经济社会发展绿色化、低碳化，把经济高质量发展和环境高水平保护辩证统一起来，形成相互协同、共生共促的关系，是进入新发展阶段践行新发展理念、构建新发展格局的有效路径，是发展新质生产力的重要内容。加快绿色科技创新和先进绿色技术推广应用，以科技创新引领发展绿色生产力。当前，许多节能减排技术由于成本过高，难以进入实质性的商业化阶段。理论上，唯有节能减排技术取得前沿性、颠覆性创新之后，绿色生产力才会实现质的飞跃，才会促进经济社会发展方式完成绿色转型。

绿色科技创新具有风险高、周期长等特点，先进绿色技术推广慢和绿色项目融资困难是普遍问题。我国应充分发挥科技创新新型举国体制优势，构建以市场为导向的绿色科技创新体系，强化金融服务支持科技创新，推动绿色技术创新链、产业链、资金链、人才链融合发展。坚持市场导向，紧扣绿色技术市场需求，充分发挥市场在绿色技术创新领域、技术路线选择以及关键技术应用推广的决定性作用，有助于消除创新资源配置扭曲，激发绿色技术创新动力、活力，促进绿色技术创新体系高效顺畅运行。

以科技创新引领发展绿色生产力，关键在于坚持市场主导、政府引导，坚持绿色创新价值链循环互动，加快培育壮大绿色技术创新主体、加强产学研协同创新、促进绿色技术成果转移转化以及健

[①] 《习近平在中共中央政治局第十一次集体学习时强调 加快发展新质生产力 扎实推进高质量发展》，《人民日报》2024年2月2日。

全绿色技术创新保障体系。

其一,壮大绿色技术创新主体,强化企业的绿色技术创新主体地位。加大政策引导与支持力度,积极培育绿色技术创新领域企业、高校、科研机构和平台组成的多元创新主体。强化企业的市场主体地位,支持生态修复与环境治理、新能源发电、储能等领域龙头企业、重点骨干企业在绿色技术创新中挑大梁、担主角。培育一批绿色技术创新龙头企业、国家绿色企业技术中心、绿色技术创新企业以及国家级专精特新"小巨人"企业。超前布局绿色创新领域颠覆性技术和前沿技术,把握碳达峰碳中和领域科技制高点。

其二,加强绿色科技协同创新,构建绿色低碳技术创新体系。依托产业基础再造工程和重大技术装备攻关工程,有序推进与绿色低碳转型密切相关的关键基础材料、基础零部件、颠覆性技术攻关,加快突破绿色电力装备、轨道交通、工程机械等一批标志性重大装备技术。强化企业科技创新主体地位,培育绿色低碳领域科技领军企业、专精特新"小巨人"企业。布局建设绿色低碳领域制造业创新中心、试验验证平台和中试平台,加快推进科技成果工程化和产业化发展。健全技术应用推广机制,组织制定供需对接指南,开展技术交流活动。

其三,优化绿色技术创新环境,构建财税、金融、人才政策支持和标准体系。加强绿色技术知识产权司法、行政与仲裁机构协同保护,完善统筹协调、监督指导和法制保障机制。加大绿色金融支持力度,拓展绿色信贷、绿色债券、绿色基金、绿色保险对绿色技术创新的支持渠道。支持绿色技术研发与应用推广专项,落实企业开展绿色技术研发、设备采购、转化应用等活动的所得税优惠政策。加大绿色技术人才培养，以及对绿色技术经纪人的激励支持力度。加快建立符合中国绿色低碳发展要求的绿色技术创新认定体系，加强绿色技术标准制定和绿色技术监测统计，为绿色技术信息检索与推广应用提供支撑。

二、推动制造业和服务业绿色化发展

实施绿色制造工程，加快制造业绿色改造升级，促进制造业绿色化转型，巩固提升优势产业，加快推动新兴产业绿色高起点发展，前瞻布局绿色低碳领域未来产业，培育绿色化数字化服务化融合发展新业态，建立健全支撑制造业和服务业绿色发展的技术、政策、标准、标杆培育体系，推进产业结构高端化、能源消费低碳化、资源利用循环化、生产过程清洁化、制造流程数字化、产品供给绿色化全方位转型，构建绿色增长新引擎，锻造绿色竞争新优势。

推进传统产业绿色低碳优化重构。加快传统产业产品结构、用能结构、原料结构优化调整和工艺流程再造，提升我国在全球分工中的地位和竞争力。实施绿色品牌创建行动，推动产品向高端、智能、绿色、融合方向升级换代，推动形成品种更加丰富、品质更加稳定、品牌更具影响力的供给体系。加快传统产业绿色低碳技术改造。实时更新发布制造业绿色低碳技术导向目录，遴选推广成熟度高、经济性好、绿色成效显著的关键共性技术，推动企业、园区、重点行业全面实施新一轮绿色低碳技术改造升级。支持大型企业围绕产品设计、制造、物流、使用、回收利用等全生命周期绿色低碳转型需求，实施全流程系统化改造升级。充分发挥链主企业带动作

第五章　实践要求：新质生产力路在何方？

用，帮助产业链上下游中小企业找准绿色低碳转型短板，有计划分步骤组织实施技术改造。鼓励工业园区、产业集聚区对标绿色工业园区建设要求，开展布局集聚化、结构绿色化、链接生态化整体改造升级，组织园区内企业持续实施绿色低碳技术改造。

立足经济社会绿色低碳转型带来的巨大市场空间，大力发展绿色低碳产业，提高绿色环保、新能源装备、新能源汽车等绿色低碳产业占比。鼓励产业基础好、集聚特征突出的地区，优化产业链布局，集聚各类资源要素，提升集群治理能力，推动产业由集聚发展向集群发展跃升，在绿色低碳领域培育形成若干具有国际竞争力的先进制造业集群。加强绿色低碳产业链分工协作，支持龙头企业争创制造业领航企业，加快产业强链、补链和延链，在产业链关键环节打造一批制造业单项冠军企业，培育一批专精特新"小巨人"企业，努力提升全产业链竞争力。推动工业互联网、大数据、人工智能、5G等新兴技术与绿色低碳产业深度融合，探索形成技术先进、商业可行的应用模式，形成产业增长新动能。

发挥数字技术在提高资源效率、环境效益、管理效能等方面的赋能作用，加速生产方式数字化绿色化协同转型。深化产品研发设计环节数字化绿色化协同应用，分行业建立产品全生命周期绿色低碳基础数据库，开发全生命周期评价、数字孪生系统等工具。面向重点行业领域在生产制造全流程拓展"新一代信息技术＋绿色低碳"典型应用场景，提高全要素生产率。发挥区块链、大数据、云计算等技术优势，建立回收利用环节溯源系统，推广"工业互联网＋再生资源回收利用"新模式。加快建立数字化碳管理体系，鼓励企业、园区协同推进能源数据与碳排放数据的采集监控、智能分

新质生产力：高质量发展的新引擎

析和精细管理。

紧跟现代服务业与制造业深度融合的变革趋势，在绿色低碳领域深入推行服务型制造，构建优质高效的绿色制造服务体系。引导大型企业利用自身在产品绿色设计、绿色供应链管理、履行生产者责任延伸制度等方面的经验，为上下游企业提供绿色提升服务。鼓励绿色低碳装备制造企业由提供产品向提供"产品＋服务"转变。积极培育专业化绿色低碳公共服务平台和服务机构，开发推广绿色制造解决方案，提供绿色诊断、计量测试、研发设计、集成应用、运营管理、检验检测、评价认证、人才培训等服务。深化绿色金融服务创新，引导金融机构在供应链场景下规范开展供应链金融服务，为产业链上下游企业提供绿色低碳转型融资服务。

增加节能环保服务供给，稳步促进服务业绿色化发展。加快优化调整运输结构，深入推进多式联运发展，鼓励使用新能源和清洁能源运输工具。加快发展绿色物流，推动快递包装减量化、标准化、循环化、无害化。推动服务流程信息化、实时化，鼓励线上会展、网络办公、远程诊断维护等业态发展。规范有序发展出行、住宿等领域共享经济。加快信息服务业绿色转型，引导数据中心集约化、规模化、绿色化发展，建立绿色运营维护体系。总结推广多种形式的合同能源管理、环境综合治理托管、虚拟电厂等服务模式经验，稳步推进环保信用评价、碳资产管理、碳排放核算核查及相关检验监测等新兴绿色低碳服务。引导金融机构应用环保信用评价和环境信息依法披露等，积极开展气候投融资实践。规范开展绿色贷款、绿色股权、绿色债券、绿色保险等业务，进一步加大金融支持绿色低碳发展力度。建立线上线下融合的逆向物流服务平台和网络，促进产品回收和资源循环利用。

三、发展绿色能源产业

能源是国民经济的命脉。把能源技术及其关联产业培育成带动中国产业升级的新增长点，对促进新质生产力发展有着重要意义。对能源企业而言，应该抓住高水平科技自立自强这个关键，推动能源产业创新、塑造发展新优势。深入推进能源革命，关键在于控制化石能源消费，加快建设新型能源体系。

构建清洁高效低碳的工业能源消费结构，有序推进重点用能行业煤炭减量替代。引导企业、园区建设工业绿色微电网，推进多能高效互补利用，就近大规模高比例利用可再生能源。加快推进终端用能电气化，拓宽电能替代领域，提升绿色电力消纳比例。推进绿氢、低（无）挥发性有机物、再生资源、工业固废等原料替代，增强天然气、乙烷、丙烷等原料供应能力，提高绿色低碳原料比重。推广钢铁、石化化工、有色金属、纺织、机械等行业短流程工艺技术。健全市场化法治化化解过剩产能长效机制，依法依规推动落后产能退出。

聚焦"双碳"目标下能源革命和产业变革需求，谋划布局氢能、储能、生物制造、碳捕集利用与封存（CCUS）等未来能源和未来制造产业发展。围绕石化化工、钢铁、交通、储能、发电等领域用氢需求，构建氢能制、储、输、用等全产业链技术装备体系，提高氢能技术经济性和产业链完备性。聚焦储能在电源侧、电网侧、用户侧等电力系统各类应用场景，开发新型储能多元技术，打造新型电力系统所需的储能技术产品矩阵，实现多时间尺度储能规模化应用。发挥生物制造选择性强、生产效率高、废弃物少等环境友好优势，聚焦轻工发酵、医药、化工、农业与食品等领域，建立生物制造核心菌种与关键酶创制技术体系。聚焦CCUS技术全生命周期能效提升和成本降低，开展CCUS与工业流程耦合、二氧化碳生物转化利用等技术研发及示范。

保障能源安全，推动新型储能健康、安全发展。新型储能作为战略性新兴产业，目前仍处于起步发展阶段，存在调度利用水平偏低、安全性有待加强等问题。要加强新型储能统一规划，以系统需求为导向，因地制宜统筹做好新型储能与其他调节性支撑性资源的优化配置。优化新型储能调度运行机制，进一步理顺调度管理、明确技术要求、加强政策保障，结合新型储能不同类型和应用场景，科学确定调度界面和调度运行方式。加快出台适应新型储能发展的容量电价机制，采用竞价等市场化方式进行容量分配并形成容量价格。加强电化学储能电站运行安全管理，建立电化学储能风险监测分析与管控机制，因地制宜选择新型储能技术路线，整体提升新型储能运营安全性。加大新型储能创新链与产业链整合力度，支持骨干国有企业通过产业联盟、产业链"链长"等形式开展先进技术、关键装备和核心材料研发攻关，推动新型储能创新链与产业链融合对接。

四、构建绿色低碳循环经济体系

工业革命后，人类社会生产力得到了前所未有的发展，但也带来了经济危机频发、贫富差距拉大、生态环境破坏、全球气候变暖等一系列问题。从国际趋势看，当前发展低碳经济和循环经济，实现绿色复苏，已经成为世界潮流。从我国国情出发，绿色低碳循环发展已成为促进新质生产力发展的重要路径。

加快发展方式创新，推动发展新质生产力，要加快构建绿色、低碳、循环的可持续发展经济体系，制定并实施迈向碳达峰碳中和目标愿景的全面绿色转型路线图、时间表与优先序，筑牢相关制度基础，引领中长期政策导向，投资布局"零碳"未来，不断积累经验、优化和创新发展路径。

其一，建立政府引导、企业主体、市场调控、公众参与的发展机制。推动绿色低碳循环发展离不开政府，需要建立健全正向激励和负向约束机制。要充分激发自下而上的绿色发展实践创新，挖掘地方绿色低碳循环发展的经验做法，强化交流学习和相互借鉴。要进一步加强企业主体地位和市场调控机制，在绿色转型中充分发挥市场的导向性作用、各类市场交易机制的作用，为绿色低碳循环发展注入强大动力。同时要通过机制创新，激发公众投身绿色低碳循环发展实践的积极性和使命感，扩大社会公众参与范围，并为公众监督创造有利条件。同时增强公众的生态环保意识，提高公众践行绿色、低碳生活的主动性，自觉参与到生态环境治理中来。

其二，健全绿色低碳循环发展的法律法规，形成有利于全面绿色转型的制度体系。面向全面绿色转型与碳达峰碳中和目标，加快推动相关法律法规的绿色化进程，统筹推进应对气候变化法、能源法、煤炭法、电力法、节能法、可再生能源法等法律法规的制定修订。统筹修订清洁生产促进法、循环经济促进法，不断提高生产绿色化和资源综合利用水平。补齐污染防治立法短板，强化环境风险防控等。要按照绿色低碳循环发展理念改造政策体系，将绿色低碳循环发展理念融入宏观调控、市场激励、财税体制等领域的政策当中，建立长效机制。

其三，完善绿色低碳循环发展的市场激励机制，加强绿色投融资机制建设。落实好《碳排放权交易管理办法（试行）》，推进全国碳排放权交易市场建设，并协调好用能权交易、排污权交易等相关市场构建。通过推广绿色电力证书交易等手段，倒逼企业使用新能源、鼓励节能节电，促进资源节约和高效利用等，为绿色低碳发展建立更高质量的正确价格信号体系。在税制结构绿色化改革框架下，通过调整环境税率及扩大征收范围，不断增加能耗高、污染重产品的消费税，降低绿色产品的消费税等，增加市场主体环境保护内生动力，引导企业发展绿色技术、推行绿色生产。

其四，坚持绿色低碳循环发展的对外开放，加强与世界各国绿色产业、技术的对接与协作。西方主要发达国家在绿色产业发展方面积累了较多的经验和技术，是交流、引进、合作的重点。加强我国绿色产品、技术、标准、模式与国外互联互通，共建全球绿色产业供应链体系、共同推动绿色产业标准的合作。将绿色低碳循环发展理念作为"走出去"战略的重要指导思想，提升政策沟通、设施联通、贸易畅通、资金融通、民心相通的绿色化水平。

第四节　形成适应新质生产力的新型生产关系

生产力是推动社会进步最活跃、最革命的要素。生产力是生产关系形成的前提和基础，有什么样的生产力就会有什么样的生产关系与之相适应。新质生产力需要与之匹配的新型生产关系，以及在此基础上建立起来的新型经济制度、运行机制和发展环境。习近平总书记指出："发展新质生产力，必须进一步全面深化改革，形成与之相适应的新型生产关系。要深化经济体制、科技体制等改革，着力打通束缚新质生产力发展的堵点卡点，建立高标准市场体系，创新生产要素配置方式，让各类先进优质生产要素向发展新质生产力顺畅流动。同时，要扩大高水平对外开放，为发展新质生产力营造良好国际环境。"①

从制度供给上加快发展新质生产力，关键是要深化重点领域改革，塑造适配新质生产力的新型生产关系。进一步完善新型举国体制，形成充分弘扬企业家精神和科学家精神的文化氛围和制度基础。深化使命导向的国有企业分类改革，建立长期主义的激励导向、容错机制，更好地实现中央企业的原创性技术策源地和产业链链主的使命，持续增强国有企业的核心功能、提高国有企业的核心竞争力。加快建设全国统一大市场，完善产权保护、市场准入、公平竞争、社会信用等市场经济基础制度，确保民营企业在市场准入、要素获取、市场执法、权益保护等方面的平等地位。探索建立与新质生产力发展相适应的经济治理和法律法规体系。保护数字知识产权，促进公平竞争，完善数字治理。健全通过劳动、知识、技术、管理、数据和资本等生产要素获取报酬的市场化机制。在新质生产力发展中实现技术先进性与过程包容性的有效协同，拓展全体

---

① 《习近平在中共中央政治局第十一次集体学习时强调 加快发展新质生产力 扎实推进高质量发展》，《人民日报》2024年2月2日。

人民共享新质生产力发展成果的渠道，消除数字鸿沟，内在统一地把握好创新发展与共享发展。

一、深化经济体制改革

发展新质生产力既是发展命题，又是改革命题。经济体制改革对其他方面改革具有重要影响和传导作用，重大经济体制改革的进度决定着其他方面很多体制改革的进度，具有牵一发而动全身的作用。生产关系必须与生产力发展要求相适应这一规律，要求我们必须深化经济体制改革，打通束缚新质生产力发展的堵点卡点，建立高标准市场体系，创新生产要素配置方式，激发各类市场主体活力，让各类先进优质生产要素向发展新质生产力顺畅流动。同时，扩大高水平对外开放，为发展新质生产力营造良好环境。

国有企业、民营企业、外资企业都是现代化建设和新质生产力发展的重要力量。要不断完善落实"两个毫不动摇"的体制机制，充分激发各类经营主体的内生动力和创新活力，深入实施国有企业改革深化提升行动，促进民营企业发展壮大，促进中小企业专精特新发展。在国有企业改革方面，坚持有进有退、有所为有所不为，推动国有资本更多投向关系国计民生的重要领域和关系国家经济命脉、科技、国防、安全等领域，服务国家战略目标，增强国有经济竞争力、创新力、控制力、影响力、抗风险能力，做强做优做大国有资本，有效防止国有资产流失。对处于充分竞争领域的国有经济，通过资本化、证券化等方式优化国有资本配置，提高国有资本收益。进一步完善和加强国有资产监管，有效发挥国有资本投资、运营公司功能作用，盘活存量国有资本，促进国有资产保值增值。

第五章　实践要求：新质生产力路在何方？

在非公有制经济高质量发展方面，健全支持民营经济、外商投资企业发展的市场、政策、法治和社会环境，进一步激发活力和创造力。在要素获取、准入许可、经营运行、政府采购和招投标等方面对各类所有制企业平等对待，破除制约市场竞争的各类障碍和隐性壁垒，营造各种所有制主体依法平等使用资源要素、公开公平公正参与竞争、同等受到法律保护的市场环境。完善支持非公有制经济进入电力、油气等领域的实施细则和具体办法，大幅放宽服务业领域市场准入，向社会资本释放更大发展空间。健全支持中小企业发展制度，增加面向中小企业的金融服务供给，支持发展民营银行、社区银行等中小金融机构。完善民营企业融资增信支持体系。健全民营企业直接融资支持制度。健全清理和防止拖欠民营企业中小企业账款长效机制，营造有利于化解民营企业之间债务问题的市场环境。完善构建亲清政商关系的政策体系，建立规范化机制化政企沟通渠道，鼓励民营企业参与实施重大国家战略。

发展新质生产力，资本发挥着不可替代的作用。要想让资本在培育新质生产力中发挥作用，就必须正确认识社会主义市场经济中资本的属性。习近平总书记指出："党的十一届三中全会实行改革开放以后，我们破除所有制问题上的传统观念束缚，认为资本作为重要生产要素，是市场配置资源的工具，是发展经济的方式和手段，社会主义国家也可以利用各类资本推动经济社会发展，逐步确立了公有制为主体、多种所有制经济共同发展，按劳分配为主体、多种分配方式并存，社会主义市场经济体制等社会主义基本经济制度，提出并坚持毫不动摇巩固和发展公有制经济，毫不动摇鼓

新质生产力：高质量发展的新引擎

励、支持、引导非公有制经济发展。"[1]在市场上依法依规运动（循环和周转）的资本可以参与创新、生产、流通、服务、造福社会，但是如果利润诱惑过大、监管不严，资本就可能践踏法律和道德底线，造成灾难。习近平总书记强调："要设立'红绿灯'，健全资本发展的法律制度，形成框架完整、逻辑清晰、制度完备的规则体系。要以保护产权、维护契约、统一市场、平等交换、公平竞争、有效监管为导向，针对存在的突出问题，做好相关法律法规的立改废释。要严把资本市场入口关，完善市场准入制度，提升市场准入清单的科学性和精准性。要完善资本行为制度规则。要加强反垄断和反不正当竞争监管执法，依法打击滥用市场支配地位等垄断和不正当竞争行为。要培育文明健康、向上向善的诚信文化，教育引导资本主体践行社会主义核心价值观，讲信用信义、重社会责任，走人间正道。"[2]深化经济体制改革，充分发挥资本在形成新质生产力过程中的作用，更要充分发挥民营企业家在发展新质生产力中的作用。发展战略性新兴产业和未来产业，形成新质生产力，最关键的是人才，尤其是能把各方面人才和各方面资源组织配合起来的战略企业家。企业家作为劳动者本身就是传统生产力三要素（劳动者、生产资料和劳动对象）之一，但是企业家在发展新质生产力中的作用又不同于一般的劳动者。他们中的很多人懂科技、懂资本、懂市场、懂金融，都是出色的战略科学家和战略企业家。

加快全国统一大市场建设，着力破除各种形式的地方保护和市

---

[1] 《习近平在中共中央政治局第三十八次集体学习时强调 依法规范和引导我国资本健康发展 发挥资本作为重要生产要素的积极作用》，《人民日报》2022年5月1日。
[2] 《习近平在中共中央政治局第三十八次集体学习时强调 依法规范和引导我国资本健康发展 发挥资本作为重要生产要素的积极作用》，《人民日报》2022年5月1日。

场分割。建设高标准市场体系，全面完善产权、市场准入、公平竞争等制度，筑牢社会主义市场经济有效运行的体制基础。健全归属清晰、权责明确、保护严格、流转顺畅的现代产权制度，加强产权激励。全面实施市场准入负面清单制度，推行"全国一张清单"管理模式，维护清单的统一性和权威性。完善竞争政策框架，建立健全竞争政策实施机制，强化竞争政策基础地位。以要素市场化配置改革为重点，加快建设统一开放、竞争有序的市场体系，推进要素市场制度建设，实现要素价格市场决定、流动自主有序、配置高效公平。完善政府经济调节、市场监管、社会管理、公共服务、生态环境保护等职能，创新和完善宏观调控，进一步提高宏观经济治理能力。坚持按劳分配为主体、多种分配方式并存，优化收入分配格局，健全可持续的多层次社会保障体系，让改革发展成果更多更公平惠及全体人民。实行更加积极主动的开放战略，全面对接国际高标准市场规则体系，实施更大范围、更宽领域、更深层次的全面开放。以保护产权、维护契约、统一市场、平等交换、公平竞争、有效监管为基本导向，不断完善社会主义市场经济法治体系，确保有法可依、有法必依、违法必究。

谋划新一轮财税体制改革，落实金融体制改革。优化政府间事权和财权划分，建立权责清晰、财力协调、区域均衡的中央和地方财政关系，形成稳定的各级政府事权、支出责任和财力相适应的制度。适当加强中央在知识产权保护、养老保险、跨区域生态环境保护等方面事权，减少并规范中央和地方共同事权。完善标准科学、规范透明、约束有力的预算制度，全面实施预算绩效管理，提高财政资金使用效率。依法构建管理规范、责任清晰、公开透明、风险可控的地方政府举债融资机制，强化监督问责。清理规范地方融资平台公司，剥离政府融资职能。深化税收制度改革，完善直接税制度并逐步提高其比重。研究将部分品目消费税征收环节后移。建立和完善综合与分类相结合的个人所得税制度。稳妥推进房地产税立法。健全地方税体系，调整完善地方税税制，培育壮大地方税税源，稳步扩大地方税管理权。建设现代中央银行制度，健全中央银行货币政策决策机制，完善基础货币投放机制，推动货币政策从数量型调控为主向价格型调控为主转型。建立现代金融监管体系，全面加强宏观审慎管理，强化综合监管，突出功能监管和行为监管，制定交叉性金融产品监管规则。加强薄弱环节金融监管制度建设，消除监管空白，守住不发生系统性金融风险底线。依法依规界定中央和地方金融监管权责分工，强化地方政府属地金融监管职责和风险处置责任。建立健全金融消费者保护基本制度。有序实现人民币资本项目可兑换，稳步推进人民币国际化。

二、深化科技体制改革

科技创新是转变传统产业发展模式、增强新兴产业国际竞争力、提高国家经济增长质量、发展新质生产力的关键力量，而一国科技体制则是科技创新的根本保障。深化科技体制改革，健全科技评价体系和激励机制，以有效增强研究者的创新动力。增强科技治理体系现代化意识，把创新系统视为一个整体，突出科技创新治理，积极引入并推动不同的科技创新主体共同参与和治理，打造协同创新的开放格局，发挥创新驱动作用，实现科技创新可持续发展、参与各方长期共赢，形成差异化、精准化、多面向的治理

第五章 实践要求：新质生产力路在何方？

模式。

优化完善科技资源配置方式。健全科技投入和项目形成机制，推动稳定性支持和竞争性支持相协调，强化中央财政的引导作用，完善中央、地方、企业、社会多元化科技投入机制。完善科技合作创新平台和机制建设，探索建立科技创新多方合作研发平台，优化资源投入、日常治理的机制和流程。在新的研发平台中，鼓励经费由财政拨款、基础研究基金、企业资金共同构成，平衡短期资金和长期资金的比例，增强对长周期科技研究的支撑能力。研究者的报酬以固定部分为主，以项目收入为辅，限定应用研究的比例上限，以保证研究平台对科技研究的聚焦。平台决策机构由科学家、企业专家等多方代表共同构成，以保证研究平台的专业性，提高基础研究和应用研究之间的衔接程度。在基础研究成果分享方面，保障参与机构优先获得研究成果的权益。对于政府出资、大学和科研院所承担的科技研究项目，设立更加广泛的成果共享机制，使大量企业尤其是中小企业能够获取最新的研究成果。

完善改革容错和正面激励机制。习近平总书记指出，在创新氛围上既要鼓励创新，允许科学家自由畅想、大胆假设、认真求证，又要宽容失败。[①] 推进科技评价改革落实落地，评价制度要符合科研活动规律，对自由探索型和任务导向型科技项目要分类评价。对纯基础和冷门学科延长评价考核周期，实行5年以上的长周期评价。强化用人单位评价主体责任，发挥好各单位学术委员会、同行、利益相关方作用，细化分类机制，丰富评价维度，全面准确反

---

① 习近平：《为建设世界科技强国而奋斗——在全国科技创新大会、两院院士大会、中国科协第九次全国代表大会上的讲话》，《人民日报》2016年6月1日。

映成果创新水平、转化应用绩效和对经济社会发展的实际贡献,使科研人员从项目、经费的微观管理中彻底脱离。

加强专业的科技扩散机构建设,在促进科技成果扩散方面,协调高校、科研院所和产业协会共同组建企业创新扶持机构,促进前沿科技成果在产业中的应用与落地。在加快数字技术的扩散和应用方面,培育和认证既掌握传统产业生产工艺又掌握数字技术的专业人才进入生产一线,为企业提供数字解决方案和数字转型路径、优化生产流程等方面的现场咨询指导,加快传统企业的数字化转型。

三、建设更高水平开放型经济新体制

从改革开放 40 多年的经验来看,我国生产力的快速发展得益于主动融入全球化进程和全球创新网络、积极参与全球经济分工。习近平总书记指出:"建设更高水平开放型经济新体制是我们主动作为以开放促改革、促发展的战略举措,要围绕服务构建新发展格局,以制度型开放为重点,聚焦投资、贸易、金融、创新等对外交流合作的重点领域深化体制机制改革,完善配套政策措施,积极主动把我国对外开放提高到新水平。"① 建设更高水平开放型经济新体制是新形势下我国对外开放新的重要战略举措,对加快构建新发展格局、推动高质量发展、发展新质生产力意义重大。

当前,国际环境日趋复杂,世界正面临高通胀、高利率、高风险、低增长的困局。我国外部经济环境不稳定性不确定性明显增强,对外开放面临的形势与任务发生深刻变化,建设更高水平开放

---

① 《习近平主持召开中央全面深化改革委员会第二次会议强调 建设更高水平开放型经济新体制 推动能耗双控逐步转向碳排放双控》,《人民日报》2023 年 7 月 12 日。

型经济新体制显得更为重要。

建设更高水平开放型经济新体制,首先要加强顶层设计。一是改善营商环境和创新环境,构建互利共赢、多元平衡、安全高效的开放型经济体系;二是加快推进制度型开放,扩大规则、规制、管理、标准等制度型开放,为推动形成开放、多元、稳定的世界经济秩序贡献中国智慧和中国方案;三是统筹建设更高水平开放型经济新体制与共建"一带一路"、实施自由贸易试验区提升战略等国家战略,主动对接国际规则,提升制度供给能力。

全面提高对外开放水平,推进贸易自由化、便利化。深化科技创新、制度创新、模式和业态创新,加快发展跨境电商、数字贸易等新业态新模式,促进货物贸易与服务贸易融合发展。大力发展服务贸易,完善服务贸易的结构,提高金融、知识产权、文化娱乐服务贸易水平。加快推进高水平的服务外包,特别加快推进金融和新能源技术开发,拓展更多的服务外包来源地。深化对外投资领域体制机制改革,完善外商投资管理体制,加强知识产权保护,营造公平竞争的市场环境。持续放宽市场准入,对外商投资开放更多领域,全面实行准入前国民待遇加负面清单管理制度。

以国内大循环推动国际大循环。一是通过国内大循环形成我国经济增长的内生动力机制,把我国的市场总量不断做大,依托超大规模市场优势,吸引全球资源要素;二是畅通国内商品和要素流动,建设全国统一大市场,把我国超大规模市场不断做优,提高对全球资源要素的利用效率;三是加强国内产业链供应链体系建设,把我国市场体系不断做强,更好融入全球供给体系,从而更好地服务于全球市场。

新质生产力：高质量发展的新引擎

建设更高水平的开放合作平台。一是高水平建设自由贸易试验区、自由贸易港，完善区域布局，赋予自贸试验区更大改革自主权，鼓励形成更多制度创新成果；二是提升国家级开发区、边境经济合作区、跨境经济合作区功能，增强区域辐射带动能力；三是拓展广交会、服贸会等重要展会功能，培育更多具有国际影响力的展会平台。

健全国家安全保障体制机制。坚持底线思维、极限思维，不断健全国家安全保障体制机制，着力提升开放监管能力和水平，为更高水平开放保驾护航。把握好开放与安全的关系，将扩大对外开放与维护国家安全相结合。健全风险防范机制，有效识别和应对各类潜在风险。健全外资安全审查、反垄断审查等制度，提高对跨境资本流动的监测和风险防控能力，提升开放监管能力和水平。健全反制裁、反干涉、反"长臂管辖"机制，加强对外部重大突发事件的研判和应对能力。健全海外利益保护机制，加强对境外投资的服务和保障，一方面促进企业在"走出去"时遵守当地法规，另一方面坚决维护我国海外公民和法人的合法权益。

积极参与全球治理体系改革和建设。当前，逆全球化思潮抬头，单边主义、保护主义明显上升，以美国为首的霸权主义国家相继推出所谓"退群""脱钩""去风险"等方案，肆意扭曲、破坏现行国际政治经济秩序，企图把中国从全球分工体系的关键供应链中孤立出去，只是作为发达国家廉价产品和资源的提供者。这种霸权主义行为违背了经济全球化的大趋势，破坏了全球分工体系，对我国发展新质生产力提出了重大挑战。为此，我国要积极参与全球治理体系改革和建设，加强同世界其他国家和国际组织的交流协作，在全球重大议题上发出中国声音，提出中国方案。

四、提供高水平法治保障

先进生产力必然会提出符合其发展需要的新型法权要求，同时法治建设必须服务保障生产力变革和经济社会发展的现实需要。发展新质生产力，离不开法的引领、保障和推动。当前，推动高质量发展成为我国经济社会发展的主旋律，但制约因素还大量存在。以科技创新推动产业创新，特别是以颠覆性技术和前沿技术催生新产业、新模式、新动能，发展新质生产力，就是要为高质量发展提供强劲推动力、支撑力。这就必须进一步全面深化改革特别是法治领域改革，形成与高质量发展相适应的法治上层建筑，以高水平法治服务保障因地制宜发展新质生产力。

在中央层面，加快发展新质生产力，要以科技创新为引领，加快研究推进人工智能、生物技术等领域有关伦理、道德、安全等重要问题的前瞻立法，及时修订完善专利法、商标法、著作权法以及集成电路等方面的专项立法。统筹推进产业结构优化，及时修订完善市场准入退出、产业融合促进和强链、补链、延链等方面立法。加强科技创新和产业创新深度融合，及时制定修订科学技术进步法、促进科技成果转化法、科学技术普及法以及国家科学基金管理立法等。

在地方层面，加快发展新质生产力，也对各级人大立法工作提出了新课题、新要求，要按照"先立后破、因地制宜、分类指导"的原则扎实推进。立法选题上，要聚焦创新驱动、经营主体保护、教育科技人才体制改革、营商环境建设等重点领域新兴领域，依法为各类新产业、新模式、新动能发展保驾护航。立法内容上，要在制度设计中更好体现产权保护、市场准入、公平竞争、社会信用等方面要求，处理好现实性与前瞻性、原则性与可操作性的关系。立法节奏上，要坚持稳中求进、守正创新，不急于求成、不脱离实际，扎实细致制定出与地方经济社会发展实际需要相适应、具有地方特色的法规。

第五节　畅通教育、科技、人才的良性循环

党的二十大报告提出，教育、科技、人才是全面建设社会主义现代化国家的基础性、战略性支撑，并强调必须坚持科技是第一生产力、人才是第一资源、创新是第一动力。当前，科技、产业、人才日益融合，正塑造发展新动能新优势，为新质生产力发展提供了磅礴动力。习近平总书记指出："要按照发展新质生产力要求，畅通教育、科技、人才的良性循环，完善人才培养、引进、使用、合理流动的工作机制。要根据科技发展新趋势，优化高等学校学科设置、人才培养模式，为发展新质生产力、推动高质量发展培养急需人才。要健全要素参与收入分配机制，激发劳动、知识、技术、管理、资本和数据等生产要素活力，更好体现知识、技术、人才的市场价值，营造鼓励创新、宽容失败的良好氛围。"[①]

[①] 《习近平在中共中央政治局第十一次集体学习时强调　加快发展新质生产力　扎实推进高质量发展》，《人民日报》2024年2月2日。

一、推进教育、科技、人才一体化发展

教育是人才培养的基石，人才是科技创新的主体，科技创新是社会生产力发展的动力，三者皆是国家综合国力竞争的关键要素。发展新质生产力，要深化教育、科技、人才综合改革。习近平总书记强调："实现科教兴国战略、人才强国战略、创新驱动发展战略有效联动，坚持教育发展、科技创新、人才培养一体推进，形成良性循环。"[①]

教育、科技、人才三者系统集成、一体化发展、良性循环，是打造新型劳动者队伍、推动高质量发展、塑造新质生产力的重要举措。推进教育、科技、人才一体化发展，要在人才自主培养模式、产学研深度融合和高端人才服务保障上下功夫。要全周期深化人才自主培养模式、全链条推进产学研深度融合、全要素加强高端人才服务保障。人才培养应统筹好基础教育、职业教育、高等教育、继续教育，完善人才梯度培养。不仅如此，还要强化科学、技术、数学、工程等领域和新工科、新医科及战略性新兴产业和未来产业所需人才培养，促进多学科交叉融合高端人才培养。与此同时，高校还应完善"引育用留"人才发展体制机制，打破产学研用合作壁垒，让人才在教育链、创新链、产业链中自由流动。遵循科技创新规律，提高科技人员积极性，营造激发人才活力的发展环境。政府要在关键核心技术攻关中发挥组织作用，做到企业主体、政府主推、高校主动，坚持人才主力、市场主导，打通创新链，融合产业

[①] 《习近平在中共中央政治局第二次集体学习时强调 加快构建新发展格局 增强发展的安全性主动权》，《人民日报》2023年2月2日。

新质生产力：高质量发展的新引擎

链，加强创新成果转化。

推进教育、科技、人才一体化发展，要强化顶层设计，坚持高站位谋划推进。从党和国家事业发展全局着眼，加强对教育、科技、人才一体化发展的前瞻性思考、全局性谋划、战略性布局、整体性推进，促进三者同向发力、同频共振。加强组织保障。聚焦教育、科技、人才一体化发展重大规划、重大政策和重大项目等方面，统筹推进教育、科技、人才一体化综合改革，因时因地因需统筹配置资源，让教育、科技、人才相互辅助，有机统一，形成"一盘棋"抓落实的工作格局。加强资金保障。集中财力办大事，建立健全动态调整机制，加强财政教育科技人才资金整合，实行统一管理，提高使用效能，强化对重大关键技术攻关项目、重大创新平台、重大技术创新引导及产业化工程化项目等战略性保障支出，研究出台条件、项目、人才资源成果利益共享的财政支持政策。发挥政府产业基金杠杆效应，撬动更多社会资本投入教育、科技、人才领域。加强法治保障。加快推进教育、科技、人才一体化发展立法进程，明确创新平台、创新主体、创新成果转化等方面的法律责任和义务，以法治力量为创新驱动高质量发展赋能。

深化科教融合育人，支撑高水平科技自立自强。围绕打造国家战略科技力量，服务国家创新体系建设，完善以健康学术生态为基础、以有效学术治理为保障、以立足国内自主培养一流人才和产生一流学术成果为目标的高等学校创新体系。做透做实基础研究，深入推进"高等学校基础研究珠峰计划"，重点支持基础性、前瞻性、非共识、高风险、颠覆性科研工作。加强关键领域核心技术攻关，加快推进人工智能、区块链等专项行动计划，努力攻克新一代信息技术、现代交通、先进制造、新能源、航空航天、深空深地深海、生命健康、生物育种等"卡脖子"技术。建设高水平科研设施，推进重大创新基地实体化建设，推动高校内部科研组织模式和结构优化，汇聚高层次人才团队，强化有组织创新，抢占科技创新战略制高点。鼓励跨校跨机构跨学科开展高质量合作，充分发挥建设高校整体优势，集中力量开展高层次创新人才培养和联合科研攻关。加强与国家实验室以及国家发展改革委、科技部、工业和信息化部等建设管理的重大科研平台的协同对接，整合资源、形成合力。

二、锚定国家重大需求布局学科建设

学科建设是教育、科技、人才"三位一体"深度融合和统筹推进的基础。围绕高端装备产业需求，整合师资力量、科研项目及科技企业资源，形成一套高质量人才培养机制，以高水平科研引领高质量产业人才培养。根据国家目前在新领域、新赛道的战略发展要求，调整专业布局，加强拔尖创新人才自主培养，为解决我国关键核心技术"卡脖子"问题提供人才支撑。围绕国家核心领域关键技术和重大战略需要，在学科专业及学院架构上进行改革，改进人才培养机制，引领学生尽早参与高水平科学研究，提升高校服务经济社会发展的能力。将大学的基础研究、发展方向与国家战略需求、区域发展需要紧密结合起来，充分发挥高校在基础学科方面的优势，使其真正成为具有重要影响力的科技创新策源地。

高校和科研院所的学科建设要服务国家急需，强化自身在国家创新体系中的地位和作用，想国家之所想、急国家之所急、应国

新质生产力：高质量发展的新引擎

家之所需，面向世界科技前沿、面向经济主战场、面向国家重大需求、面向人民生命健康，率先发挥"双一流"①建设高校培养急需高层次人才和基础研究人才主力军作用，以及优化学科专业布局和支撑创新策源地的基础作用。

其一，扎实推进学科专业调整。健全国家急需学科专业引导机制，按年度发布重点领域学科专业清单，鼓励高校和科研院所着力发展国家急需学科，以及关系国计民生、影响长远发展的战略性学科。支持高校瞄准世界科学前沿和关键技术领域优化学科布局，整合传统学科资源，强化人才培养和科技创新的学科基础。对现有学科体系进行调整升级，打破学科专业壁垒，推进新工科、新医科、新农科、新文科建设，积极回应社会对高层次人才需求。布局交叉学科专业，培育学科增长点。

其二，夯实基础学科建设。实施"基础学科深化建设行动"，稳定支持一批立足前沿、自由探索的基础学科，重点布局一批基础学科研究中心。加强数理化生等基础理论研究，扶持一批"绝学"、冷门学科，改善学科发展生态。根据基础学科特点和创新发展规律，实行建设学科长周期评价，为基础性、前瞻性研究创造宽松包容环境。建设一批基础学科培养基地，以批判思维和创新能力培养为重点，强化学术训练和科研实践，强化大团队、大平台、大项目的科研优势转化为育人资源和育人优势，为高水平科研创新培养高水平复合型人才。

---

① 世界一流大学和一流学科（Double First-Class Initiative），简称"双一流"，是中共中央、国务院作出的重大战略决策，也是中国高等教育领域继"211 工程""985 工程"之后的又一国家战略。

其三，加强应用学科建设。加强应用学科与行业产业、区域发展的对接联动，推动高校和科研院所更新学科知识，丰富学科内涵。重点布局建设先进制造、能源交通、现代农业、公共卫生与医药、新一代信息技术、现代服务业等社会需求强、就业前景广阔、人才缺口大的应用学科。

其四，推动学科交叉融合。以问题为中心，建立交叉学科发展引导机制，搭建交叉学科的国家级平台。以跨学科高水平团队为依托，以国家科技创新基地、重大科技基础设施为支撑，加强资源供给和政策支持，建设交叉学科发展第一方阵。创新交叉融合机制，打破学科专业壁垒，促进自然科学之间、自然科学与人文社会科学之间交叉融合，围绕人工智能、国家安全、国家治理等领域培育新兴交叉学科。完善管理与评价机制，防止简单拼凑，形成规范有序、更具活力的学科发展环境。

三、搭建发展新质生产力的人才体系

人才是第一资源，创新驱动实质是人才驱动，实现教育、科技、人才协同融合发展的关键在人。谁来创造新质生产力，谁来掌握新质生产资料？发展新质生产力，归根结底要靠创新人才，必须有一支强有力、高水平的人才队伍来支撑。

加快完善科技人才供需匹配机制，加强科技人才供需预研预判，按照国民经济和社会发展规划周期，对发展新质生产力急需的人才作出总体规划。高校应紧跟未来人才需求总量和结构性变化，积极搭建适应新质生产力发展的人才结构体系。坚持培育重点、扶持增长点，把国家战略急需的学科专业做精，把产业紧缺的高素质技术技能人才培养做强，把新兴交叉融合的学科专业做实，推动人才供给与经济社会高质量发展精准适配、有效对接。加快形成特色鲜明、布局合理、协调共生、支撑发展的学科专业生态体系，支持重要领域、战略性新兴产业相关学科专业发展壮大，提高人才培养的前瞻性和耦合度。

青年科技人才在科技创新和科研攻关中发挥着重要作用，加强青年科技人才队伍建设，激发青年科技人才创新活力，对更好推动经济社会高质量发展具有重要意义。要加快青年科技人才一体化培养。坚持服务国家战略需求导向，全面落实国家基础学科拔尖人才培养战略行动、国家急需高层次人才培养专项等人才培养计划。聚焦新一轮科技革命和产业变革，畅通拔尖创新人才一体化衔接培养路径，推动人才培养模式与教育链、产业链、创新链深度融合。高校应聚焦关键核心技术"卡脖子"问题，重点培养高端产业转型升级急需的高层次青年科技人才。积极构建"互联网＋教育""科技＋教育""人工智能＋教育"等教育新生态，推动课程体系与专业链、产业链深度融合，不断提升高等教育对新技术新产业新业态的适应和支撑能力。

发展新质生产力，对高素质技能人才队伍建设提出了更高要求。高素质技能人才是链接技术创新与生产实践最核心、最基础的劳动要素，承担着打通技术突破和创造发明"最后一公里"的重任。

四、深化人才发展体制机制改革

如何更好地发展新质生产力？关键是把人才和人才发展体制机

制有机结合起来。要深化人才发展体制机制改革,健全各类人才评价体系和激励机制,进一步激发各类人才创新活力和潜力。全面推进人才管理、培养、评价、流动、激励机制改革,形成与社会主义市场经济体制相适应、满足新质生产力发展要求、人人皆可成才、人人尽展其才的政策法律体系和社会环境。

推进人才管理体制改革。转变政府人才管理职能,推动人才管理部门简政放权,消除对用人主体的过度干预,建立政府人才管理服务权力清单和责任清单,清理和规范人才招聘、评价、流动等环节中的行政审批和收费事项。充分发挥用人主体在人才培养、吸引和使用中的主导作用,全面落实国有企业、高校、科研院所等企事业单位和社会组织的用人自主权。健全市场化、社会化的人才管理服务体系。构建统一、开放的人才市场体系,完善人才供求、价格和竞争机制。

推进人才培养机制改革。创新人才教育培养模式,统筹产业发展和人才培养开发规划,加强产业人才需求预测,加快培育重点行业、重要领域、战略性新兴产业人才。注重人才创新意识和创新能力培养,探索建立以创新创业为导向的人才培养机制,完善产学研用结合的协同育人模式。加大对新兴产业以及重点领域、企业急需紧缺人才支持力度。支持新型研发机构建设,鼓励人才自主选择科研方向、组建科研团队,开展原创性基础研究和面向需求的应用研发。优化企业家成长环境,建立有利于企业家参与创新决策、凝聚创新人才、整合创新资源的新机制。依法保护企业家财产权和创新收益,进一步营造尊重、关怀、宽容、支持企业家的社会文化环境。建立产教融合、校企合作的技术技能人才培养模式。弘扬劳动光荣、技能宝贵、创造伟大的时代风尚，不断提高技术技能人才经济待遇和社会地位。

推进人才评价机制改革。坚持分类评价，突出品德、能力和业绩评价，注重凭贡献评价人才，彻底克服唯学历、唯职称、唯论文等倾向。发挥政府、市场、专业组织、用人单位等多元评价主体作用，加快建立科学化、社会化、市场化的人才评价制度。推进人才流动机制改革。破除人才流动障碍，打破户籍、地域、身份、学历、人事关系等制约，促进人才资源合理流动、有效配置。建立高层次人才、急需紧缺人才优先落户制度。加快人事档案管理服务信息化建设，完善社会保险关系转移接续办法，为人才跨地区、跨行业、跨体制流动提供便利条件。推进人才创新激励机制改革。赋予高校、科研院所科技成果使用、处置和收益管理自主权，允许科技成果通过协议定价、在技术市场挂牌交易、拍卖等方式转让转化。完善科研人员收入分配政策，依法赋予创新领军人才更大人财物支配权、技术路线决定权，实行以增加知识价值为导向的激励机制。完善市场评价要素贡献并按贡献分配的机制。制定国有企事业单位人才股权期权激励政策，对不适宜实行股权期权激励的采取其他激励措施。探索高校、科研院所担任领导职务科技人才获得现金与股权激励管理办法。

五、打造新型劳动者队伍

加快发展新质生产力，其中一个关键环节是打造新型劳动者队伍，包括能够创造新质生产力的战略人才和能够熟练掌握新质生产资料的应用型人才。要给年轻人舞台，让青年科技人才在重大科技任务中挑大梁。现代科研大多需要"大兵团作战",需要各类专业人员协作攻关,这和旧有的体制产生了矛盾,亟待纾解。要不断完善政策,为青年科技人才创造平台,让一代又一代青年不断成长成才,为实现中国式现代化贡献青春智慧和力量。技能人才也想拥有持久的发展与进步空间,应该为他们提供能持续精进、自我充电的平台。提升技能人才的社会地位和职业荣誉感,包括畅通职业院校学生深造的通道、提高技能人才待遇等。

当前,人工智能发展迅速、各类技术迭代加速,学校的课程内容和教学方法可能无法及时跟上技术进步的速度,学生学到的可能是已经过时的知识和技能。"数智素养"是人机协同时代必备的素养,要大幅度强化、提升智慧教室在学校基础设施中的建设比例,促进学生适应新质生产力发展所需的创新开放学习习惯与思维模式养成。学校需要及时更新课程内容和教学方法,与快速发展的人工智能领域同步。通过实习、项目合作等方式帮助学生了解实际工作中的需求和挑战,从项目式学习中提高教育的实用性和有效性。特别是,社会对于技能人才和职业教育仍有较大偏见,社会上"重学历、轻技能"的学生和家长占很大比例,技工教育也往往被视为"兜底教育",吸引力不强,技工院校招生困难,技能人才培养供给力不足。各级党委政府要主动作为,提高产业工人和劳动阶层的待遇,持续优化技能生态,不断营造整个社会崇尚技能、尊重技能人才的浓厚氛围。

第六节　因地制宜发展新质生产力

2024年3月5日，习近平总书记在参加十四届全国人大二次会议江苏代表团审议时发表重要讲话，提出"坚持从实际出发，先立后破、因地制宜、分类指导"的基本原则，为各地区、各部门谋划发展新质生产力提供了方法论，指明了不断塑造发展新动能新优势的方向和路径。在推进新质生产力发展过程中，如果脱离实事求是、因地制宜原则，"什么热门就投什么"，或毫无重点地"撒胡椒面"，强行推动战略性新兴产业和未来产业发展，可能会导致项目盲目投资过多、产能过剩严重等现象出现，进而迫使市场陷入内卷，结果不仅发展不了新质生产力，还会对地方经济社会发展产生严重的消极作用。在发展新质生产力、巩固和增强经济回升向好态势的重要阶段，习近平总书记提出，"要防止一哄而上、泡沫化，也不要搞一种模式"。深入学习领会发展新质生产力的方法论，就要深刻把握新质生产力的理论内涵和实践要求，深入结合各地的资源禀赋、产业基础、科研条件等，有选择地推动新产业、新模式、新动能发展，用新技术改造提升传统产业，积极促进产业高端化、智能化、绿色化。各地要敢为善为，充分调动各方面的积极性主动性创造性，以更具前瞻性的战略眼光、更加有效的务实举措、更为积极的主动作为，把科学部署转化为顶用管用实用的政策，努力成为发展新质生产力的重要阵地，以自身的探索带动高质量发展突破突围。

第五章 实践要求：新质生产力路在何方？

一、因地制宜选择发展战略

发展新质生产力，需要以全面深化改革为前提，通过制度创新形成与之相适应的新型生产关系。在当前复杂的国际环境下，新质生产力主要来自原创性与内生性。因此，新质生产力能否在一个地方萌芽和结果，关键是能否创造出适宜产生新质生产力的体制土壤和政策环境，让全球各类先进优质生产要素向本地区发展新质生产力顺畅流动和高效配置。目前，在发展新质生产力"热"的背景下，应该避免地方政府将主要工作放在与企业一哄而上搞项目上，而是要重点关注新质生产力的生成机制。如果将发展新质生产力短期化与功利化，不仅不会促进新质生产力高质量发展，甚至可能阻碍和破坏新质生产力的形成。

因地制宜，要深入研究、摸清情况，做到心中有数。不能将发展新质生产力当作一个筐，什么都往里装，要防止一哄而上、泡沫化，也不能搞一种模式，采取重复刷题的方式交卷。发展新质生产力必须实事求是、因地制宜，紧密结合本地资源禀赋、产业基础、科研条件等开展。当前，我国一些地区和企业缺乏发展新质生产力的资源和基础，在此情形下，应该实事求是、因地制宜，有所选择、有所不为，才能有所作为，真正取得实效。一些缺乏基础的地区不应以发展新质生产力的理由包装传统招商引资项目，而应优先利用现有数字技术，鼓励创新，推动中国制造向中国创造转变、中国速度向中国质量转变、中国产品向中国品牌转变，加快实现传统生产力螺旋式上升。

二、因地制宜布局未来产业集群

发展新质生产力，完善现代化产业体系，产业要精准布局，立足本地产业的发展方向，打造各具特色的战略性新兴产业集群。

加快培育形成新质生产力涉及多方面的内容，新兴产业、未来产业只是其中之一。虽然新兴产业和未来产业是发展新质生产力的主阵地，但绝不能忽视、放弃传统产业。传统产业不等于落后产业、无效产业，它是很多地方现代化产业体系的基座。一方面，传统产业为新质生产力提供支撑；另一方面，当传统产业注入创新力量，也能"老树发新枝"，形成新的活力。

三、因地制宜完善相关政策支持

各级政府在新质生产力发展政策引导上要突出精准化，在政策措施制定及服务方面由"大水漫灌"向"精准滴灌"转变，帮助企业解决要素获取、科技创新、产业创新过程中出现的问题，精准把脉加速生产力提质的难点痛点，为有效破解当前发展新质生产力面临的转型能力不足、转型改造成本高、人才储备不足等难题提供新思路、新支撑。形成与新质生产力相适应的新型生产关系，解决发展不平衡和收入分配不平等问题，要发挥财政税收政策对企业和就业的支撑作用，支持中小企业获得低成本的融资支持，缓解企业融资难、融资贵问题，减轻中小微企业转型压力。同时，还要完善并调整税收激励政策，加大对大型数字企业税收征收力度，增加资本所占税基的相对比例。此外，要通过财税政策提升对短期性失业人群的转移支付水平，强化数字经济新型就业岗位保障，支持民生短板领域岗位创造。

第六章

国际视野：新质生产力有何意义？

新质生产力不仅创新和完善了马克思主义生产力理论，彰显了马克思主义的蓬勃生命力，更发挥了科学理论指导实践发展的积极作用。理解新质生产力的意义，必须具有国际视野，不仅要在现时的时空中去理解，更要将之拓展到历史与未来、国内与国外的纬度中去考察。总体上看，国际视野下的新质生产力驱动了经济内涵式发展、确定了实体生产的优先性、彰显了人民至上的价值优势、塑造了百年变局下的科技文明创新。

第一节　驱动经济内涵式发展

经济内涵式发展是相对于外延式发展而言的。外延式发展多依托于量性意义上劳动力的增加和资本规模的扩大，内涵式发展强调的是生产力发展的质性变革，如技能和技术等内在性要素的持续优化和稳定迭代。经济内涵式发展意味着经济的整体性进步。

理解发展新质生产力的目的与意义，必须认清其与内涵式发展之间的内在关系。实现经济内涵式发展是人类经济发展的难题，影响经济内涵式发展的最为基础性的因素是生产力发展水平。强调生产力发展水平在实现经济内涵式发展中的基础性作用，并不意味

新质生产力：高质量发展的新引擎

着宣扬片面的生产力单一决定论或者经济发展单一决定论，而是表明，以生产力水平提升为代表的人类经济发展是真正的"政治正确"。所以，马克思和恩格斯在《共产党宣言》中站在生产力水平提升的立场之上肯定了资本主义带来的客观历史进步。[①] 发展当然是指社会各个领域的全面发展，但发展首先必须是经济发展。也就是说，要实现经济内涵式发展，就要在根本上实现生产力发展水平的变革，具体到当下，就体现为加快发展新质生产力。

新质生产力在理论纵深和历史现实的双重视角下均有别于资本逻辑下的传统生产力模式。在资本逻辑下，尽管传统生产力能够在一定的历史时期客观地发挥推动作用，但这种内在联系只是形式化的。从马克思的资本批判角度看，生产资料私有制下资本的增殖本性推动的生产力发展，最终也将受制于资本的贪婪本性，在价值导向上同社会整体发展、人民立场相悖，在现实导向上受资本主义社会根本矛盾限制必将走向历史的终点。从创新经济学视角看，传统生产力发展至今，其创新性已经逐渐成为一种趋向于形式化、口号式的创新。因而通过这两大视角，我们能够更好地理解新质生产力对驱动以创新为主导的经济内涵式发展的深刻意义。

一、资本逻辑下的内涵式发展

纵观资本主义的发展历程，资本逻辑在相当长的历史阶段内无意中证明了内涵式发展的逻辑。当然，资本逻辑绝不以内涵式发展为目的，内涵式发展只是资本实现增殖的手段而已。

[①] 《马克思恩格斯文集》第 2 卷，人民出版社 2009 年版，第 36 页。

第六章　国际视野：新质生产力有何意义？

马克思从理论上揭示了资本逻辑及其实质。马克思批判了古典政治经济学的劳动价值论并发展出科学的劳动价值论，由科学的劳动价值论出发，从货币增值逻辑推导出资本增殖逻辑。马克思确立了在直接的流通领域内所表现出的资本的总公式：货币—商品—增值的货币。[①] 简单来说，资本的总公式就是资本逻辑的本质公式，即相比于最初货币额，只要最终货币额增值，资本就生成了。最终货币额的增加不可能凭空产生，在最初货币额和最终货币额之间必然需要中间过程。这一中间过程依赖中介，在纯粹的本质公式下，中介就是商品。作为中介的商品的形式可以是产品或服务，也可以是货币本身，若其不发挥中介作用，资本增殖逻辑不可能完成。显然，对资本来说，商业或商人"贱买贵卖"的逻辑十分符合自身的增殖逻辑。但是，商业或商人"贱买贵卖"的背后所实现的资本增殖并没有真正增加社会总财富，货币额只是发生了转移，从一部分人手中到了另一部分人手中。马克思的伟大之处在于，他发现了资本增殖逻辑的普遍化根植于价值增值逻辑的普遍化。价值实现增加只能诉诸现实生产，因为价值是抽象劳动的结晶，抽象劳动又是具体劳动的本质。资本家将自己的原初货币额转化为生产资料和劳动力。生产资料是死劳动，其中所蕴含的商品价值只能转移而无法增加。劳动力代表了活劳动，可以产生新的价值并将新的价值物化到新的产品之中。如果新的产品最终被卖出，也就是产品转化为了商品，那么劳动力所创造出的新价值就会转变为增加的货币额。

资本增殖逻辑在客观上推动了生产力的发展，这契合了资本主

---

① 《马克思恩格斯文集》第5卷，人民出版社2009年版，第181页。

义工业化大生产的历史，资本逻辑在客观上完成了经济内涵式发展。马克思通过对资本逻辑的批判揭露了这样的现实：从道德批判角度来看，资本逻辑下的经济内涵式发展建立在工人剩余劳动被资本家无偿占有的剥削之上。从现实批判角度来看，在资本主义私有制之下，这种以自我增殖为导向的资本逻辑必然不可能长期健康发展。在资本主义工业化大生产时期，资本逻辑同经济内涵式发展在客观形式上较一致。随着生产力发展、资本逻辑的深化，这种一致性逐渐被打破。资本从实体经济大量涌入高收益的虚拟经济，最终形成周期性经济危机就能很好地说明这一点。创新可以打破经济均衡的静止状态，使经济发展的内在要素发生质变，进而促进经济发展。生产要素的内在变化与生产要素之间的组合可以直接推动经济内涵式发展，创新实际上就是以此方式推动经济内涵式发展。正是在这个意义上，熊彼特提出新产品或者新的产品特性、新的生产方法、新市场的开拓、新的原材料或半成品的供应源和新的组织形式①可以作为新的创新类型。在熊彼特看来，资本家和企业家不同，资本家通过信用创造的方式为企业家提供了资本，使企业家承担和执行创新的职能。离开了信用创造，企业家的创新将无法进行。

二、资本逻辑同经济内涵式发展的背离

经济内涵式发展不仅意味着经济层面的发展和社会生产力的总体进步，更意味着经济发展和社会进步的良性互动。从这个意义

---

① Schumpeter Joseph A, *The theory of economic development: an inquiry into profits, capital, credit, interest, and the business cycle*, New Brunswick and London: Transaction publishers, 2012, p14, p66.

上看，一味追逐自我增殖的资本逻辑必将因为资本主义私有制的存在而导致同经济内涵式发展之间内在关联的断裂。这是因为在资本主义生产方式下，人民逻辑和劳动逻辑始终从属于资本逻辑，一方面，社会财富越来越集中于极少数人手中，作为历史主体的人民不能从经济发展中获取应得的收益；另一方面，资本导向下的经济发展、生产力进步无法始终同社会发展正确导向保持步调一致，生产资料私有制和社会化大生产之间的本质矛盾无法弥合。

资本逻辑只在乎自己能否增殖与得利，马克思曾指出："我死后哪怕洪水滔天！这就是每个资本家和每个资本家国家的口号。"[①]这里最明显的表现就是：只在乎货币额增值而根本不关注如何增值。这就是金融资本主义的逻辑。金融资本将货币作为特殊商品，将之出售之后，只关注自己在收回本金的时候取得的利息。我们看到现实就是：金融资本最终统治产业资本和商业资本，成为资本主义的最终主宰。所产生的结果就是：货币所代表的财富转移到资本家手中，进而使资本越来越不关注生产领域。故而，在资本逻辑下，创新作为内涵式发展的抓手也逐渐趋向于一种虚假手段。创新绝不是简单的发展，而必须是发展的应用并推动经济的真正发展。

三、新质生产力驱动经济内涵式发展

马克思主义经典作家认为，社会主义或共产主义第一阶段对资本主义的超越主要体现在对其社会先进生产力的保留和对不公正生产关系与上层建筑的扬弃之上。

---

① 《马克思恩格斯文集》第 5 卷，人民出版社 2009 年版，第 311 页。

新质生产力：高质量发展的新引擎

社会主义对资本主义的超越就在于，它能够在所有制的层面根本地解决私有制带来的社会性矛盾、规范和引导资本健康发展，真正将创新同内涵式发展结合在一起。这是因为经济内涵式发展的问题在于不能将内涵式发展与创新结合在一起。而新质生产力恰恰解决了这一问题，将创新置于内涵式发展的中心地位。从表现上看，创新已经成为整个世界的共识，人们日益生活在创新的口号之下，而实际上是人们为了创新而创新，而忘记了创新的关键内涵，即创新以内涵式发展为目的。以至于造成一些人认为只要能为现实世界提供一种看似美好的未来许诺，一些所谓的新东西就能改变世界，而这恰恰异化为资本收割的手段。新质生产力将质量置于重要地位不仅使创新涵盖生产力的全部要素，更有利于推动生产力的发展，是对真正创新的把握，是内生的质性变革。毋庸置疑，新质生产力表达了人类渴望用创新摆脱资本逻辑束缚的直接心愿，撕下了资本逻辑最大的一块"发展遮羞布"，让世界认识到，真正的内涵式发展依赖于真正有效的科技创新。

正如习近平总书记在中央政治局第三十八次集体学习时指出的那样："在社会主义市场经济体制下，资本是带动各类生产要素集聚配置的重要纽带，是促进社会生产力发展的重要力量，要发挥资本促进社会生产力发展的积极作用。同时，必须认识到，资本具有逐利本性，如不加以规范和约束，就会给经济社会发展带来不可估量的危害。"[①] 新质生产力的提出彰显了中国共产党人继续站在时代变革的交汇点上，坚持马克思主义的根本立场，并吸收借鉴西方资

---

① 《习近平谈治国理政》第 4 卷，外文出版社 2022 年版，第 219 页。

本主义在生产力发展上的一些优势。新质生产力在社会主义市场经济体制的制度保证下以创新为其最根本的内生驱动力，以科技创新整合包括资本要素在内的生产力发展的全要素，这从制度依托、具体抓手、要素性质等层面根本上区别于传统生产力，将经济发展与社会整体发展、人民生活水平提升有机联系在一起，为经济内涵式发展的本质实现提供了全新的理论范式和实践图景。

第二节　确证实体生产的优先性

资本逻辑不但使本应促进经济内涵式发展的创新"误入歧途"，而且因为资本主义金融自由化而忽视实体生产，以虚拟资本逻辑统摄资本逻辑。在资本主义发展到产业资本居于资本逻辑中心地位的时候，资本逻辑尚且能够推动经济内涵式发展，发挥真正创新的作用。但是，一旦虚拟资本逻辑主导资本逻辑，创新将失去其赖以存在的实体生产。新质生产力从根本上拒斥这种虚拟逻辑，以实体生产逻辑确认生产的优先性，这也是新质生产力区别于当前资本主义生产力的本质所在。

一、实体生产是社会经济生活的基石

马克思主义政治经济学历来重视生产领域，注重实体生产是马克思主义政治经济学的传统。在《1857—1858 年经济学手稿》中马克思对实体生产进行了概括性表达，指出生产、分配、交换、

新质生产力：高质量发展的新引擎

消费构成一个有机总体的各个环节，生产支配着其他要素和与其他要素相对的自身，同时就其单方面形式而言也决定于其他要素。①根据马克思的观点，生产包括作为整个经济过程的生产和作为经济过程中起点环节的生产。可以说，广义的生产其实就是马克思所说的"整个生产过程"，狭义的生产就是这个总体中的起点环节。当然，马克思既没有简单地断定狭义的生产可以决定其他环节，也承认了狭义的生产有时候也被其他环节所决定。只有把握好对生产广义和狭义的区分，才能真正理解实体生产的逻辑。

生产是统摄人类经济活动的内在本性，要理解这一点，需要从马克思主义生产视角来理解分析。第一，生产是狭义的生产的内在属性。两者的关系如同剩余价值与绝对剩余价值一般，生产是狭义的生产的原因，而狭义的生产是最能代表生产的具体形式。第二，生产同时是分配的内在属性。这一点首先体现在《资本论》里所强调的生产决定分配。马克思认为，分配关系同生产关系相适应，是生产关系的直接表现。既然生产决定了分配，那么，分配必然带有生产的性质。广义的生产之本性渗透至分配的各个环节，并体现为生产关系。第三，生产也是交换的内在属性。在资本主义生产方式下，在商品逻辑中，交换是为了将生产的物化产品转化为商品，这是实现生产的目的的重要一步。生产方式也决定分配方式。这体现了生产对交换的统摄性。同时，还要看到，生产作为交换的内在属性还体现为现实中狭义的生产有时候会被交换方式所决定。第四，生产更是消费的内在属性。消费的产品只能是生产的物化形式。虽

---

① 《马克思恩格斯文集》第 8 卷，人民出版社 2009 年版，第 23 页。

然消费有时候会决定狭义的生产，但是如果不通过生产，消费同样无法实现。

可以说，人类的经济过程就是生产过程，是持续不断的再生产过程。但是，生产不是"空洞的抽象"，就在于生产的本性体现的是实体生产。实体生产是指生产必须通过人类现实的劳动，将人的主体能力对象化为实体性存在物。统观马克思的政治经济学批判思想体系，商品生产是整个资本主义生产方式的起点，而商品具有实实在在的物质形态。服务同样也具有实实在在的物质形态，包含各种形态的真实产品。同时，资本或剩余价值的生产也是实体生产逻辑的体现。资本或剩余价值的流通过程是生产和流通的统一。而在现实的资本主义生产总过程之中，产业资本居于社会总资本的基础性地位，资本增殖的唯一源泉就在于产业资本领域中的剩余价值生产。这都是实体生产逻辑的深刻表达。

二、虚拟资本是实体生产的异化

虚拟资本来自实体生产，是实体生产的产物。在资本主义生产方式之下，资本的高收益性质又吸引了众多资本，发挥了金融的积极意义。资本推动了生产的社会化，进而可以增加社会财富、降低交易成本、优化资本配置等。但是我们不能忽视的是虚拟经济所潜藏的巨大风险。

在资本主义生产方式中，资本逻辑与实体生产逻辑之间存在巨大的矛盾。一方面，资本逻辑渴望增殖，增殖的来源只可能是实体生产逻辑背后的剩余价值生产；另一方面，资本逻辑又渴望无限的、容易的、隐蔽的增殖，如果能够直接增殖就不会选择将自己转化为产业资本。而两大逻辑之间的矛盾体现在虚拟资本身上。虚拟资本必然依托于产业资本，却又在其生息资本的本性下远离生产而投入流通的怀抱之中。马克思早就认识到这一点，他直接指出："如果没有实际的积累，也就是说，没有生产的提高和生产资料的增长，那么，债权在货币形式上的积累，对这种生产有什么好处呢？"① 对于资本主义的实业家来说，将货币资本转化为不变资本和可变资本并组织现实的生产才是其应当做的事情，但是其组织生产的过程却不可能一切以货币资本为中心，他们仅通过直接贷款就可以实现生产的扩大。②

虚拟资本体现了资本为了增殖而增殖，为了增殖不择手段的本性。比如，以汇票为流通手段，进而使汇票成为信用货币，往往会导致为了汇票而购买商品而非为了购买商品而使用汇票。在马克思的时代，这种现象就已经成为普遍现象。显然，这是一种贸易欺诈。随着资本主义本身的发展，这种欺诈随着技术发展和交往水平提高而变得越来越不容易，但资本的逐利本性不会放弃虚拟资本带来的巨大便利。马克思看到，虚拟资本的信用扩张背后是资本逻辑同实体生产逻辑之间的内在冲突："这种汇票多数是代表现实买卖的，而这种现实买卖的扩大远远超过社会需要的限度这一事实，归根到底是整个危机的基础。"③ 由此可见，资本逻辑同实体生产逻辑之间的冲突，在于虚拟资本所导致的信用危机，更体现为实体生产逻辑的现实中断，也就是社会再生产的中断。虚拟资本扩张导致生

---

① 《马克思恩格斯文集》第 7 卷，人民出版社 2009 年版，第 479 页。
② 《马克思恩格斯文集》第 7 卷，人民出版社 2009 年版，第 481 页。
③ 《马克思恩格斯文集》第 7 卷，人民出版社 2009 年版，第 555 页。

产无序扩大，进而生产和消费之间的矛盾显现，需求不足导致生产失去目的，最终引发危机。

资本主义国家有时还会通过货币当局的相关政策和法令短期内转嫁危机。比如，英国就曾经为了应对虚拟资本造成的银行业危机而立法，通过贸易欺诈的方式骗取国外的谷物，然后不承认购买这些谷物的贷款。[①] 此外，资本主义国家还会以国家意志强行维持虚拟资本的信用假象。但资本主义国家毕竟是资本家的国家，被恩格斯称为"总资本家"。这些国家从根本上依然受资本逻辑的绑架，其货币当局本身还会通过虚拟资本逻辑赚取利润。在马克思所处的时代，英格兰银行作为英国的国家中央银行就开始发行银行券，但是这些银行券却没有以真实的黄金储备作为依据。实际上，这种银行券发行的目的在于以信用创造的方式获得利润。[②] 英格兰银行的这类做法虽然可以在短时间内直接向市场投入大量流通性，给予投机者名义上的货币以稳定市场价格并降低危机中的债务风险。人们发现再也不用通过实际的劳动创造财富就可以直接创造出财富，那为何不直接从观念中创造出这些货币呢？这是一种"颠倒的形式"[③]：现实中充满了被创造出的虚拟资本，而同比例的实体财富却没有被真实创造出来。美联储的做法同英格兰银行没有本质区别，其严重程度甚至远超英格兰银行。当实体生产逻辑强于资本逻辑的时候，情况或许好一些，但两者的矛盾最终必然会显现出来，并且变得越来越无法调和，最终成为资本主义生产内在矛盾的现实化。

---

① 《马克思恩格斯文集》第 7 卷，人民出版社 2009 年版，第 558 页。
② 《马克思恩格斯文集》第 7 卷，人民出版社 2009 年版，第 614 页。
③ 《马克思恩格斯文集》第 7 卷，人民出版社 2009 年版，第 555 页。

三、新质生产力对实体生产的"超越"

2007年之前，随着互联网浪潮的推进，美国经济发展迅速，美联储大幅降低利率，使以美国房地产为代表的产业空前膨胀。银行将钱贷给那些偿还能力不佳的人，房地产推行低首付甚至零首付，最终导致这些没有太多偿还能力的人贷款购入大量房地产，并以房地产作抵押。这无形中创造出了庞大的房地产业次级贷款。这些次级贷款被转化为债券，被赋予了价格，可以打包买卖。为了保证价格合适，以穆迪等为代表的信用评级机构给予这些债券高信用评级。同时，为了规避风险，保险业介入，而保险业又催生出许多虚拟财富。一切似乎欣欣向荣，人们没有经过实体生产就创造出了许多被虚拟出来的财富，这些财富又被虚拟的货币所表征。然而，债务总有期限，债务如果被偿还会转化为现实的实体财富，如果没被偿还，虚拟的财富泡沫将破裂。我们看到的是，房地产次级贷款泡沫破裂，整个金融系统随之倒下。这时美国当局开始转稼危机。而与英格兰银行不同的是，美元已不是金本位货币，美联储看似是以量化宽松的方式拯救了危机，实质上却是以虚拟资本的方式平衡了会计账目，从而使虚拟资本流向全球，使整个世界为美国的金融危机买单。由此，我们必须清醒地认识到，实体生产是当代社会发展的核心。

新质生产力在理论上根植于马克思主义生产力理论，在实践上与中国共产党人建设中国特色社会主义经济体制的探索目标相一致。中国共产党人始终坚持马克思主义生产力优先发展理念，重视实体生产，经过70多年的实践发展，中国已成为世界上实体生产

第六章　国际视野：新质生产力有何意义？

能力最强大的国家。新时代，面对日益明显的金融自由化和虚拟资本化，以习近平同志为主要代表的中国共产党人，始终围绕生产这个中心进行经济上的宏观战略布局和微观策略执行。如果说供给侧结构性改革是为了在生产领域探寻发展的新动能以解决历史性发展难题，那么，新质生产力则是在生产领域实现发展的新优势以解决未来发展难题。新质生产力对生产优先性的确认是对金融自由化和虚拟资本逻辑的"超越"。新质生产力"以战略性新兴产业和未来产业为主要载体，形成高效能的生产力""以新供给与新需求高水平动态平衡为落脚点，形成高质量的生产力"[①]，将实体生产逻辑推向全新的高度。

这种提升主要体现在对实体经济的全面塑造之上，表现在三个方面。首先，提升了生产效率。新质生产力通过深度融合先进的技术和设备，显著提高了实体经济的生产效率。自动化和智能制造技术的广泛应用，使原本需要大量人工操作的生产环节得到了简化。这不仅减少了人力成本，而且加快了生产流程，使得产品从原材料到成品的转化更为迅速和高效。其次，优化了产品质量。新质生产力借助一系列新技术和新工艺，为产品质量的提升提供了保障。精密制造技术能够确保产品的精细度和准确性，使生产出来的每一个产品都能达到极高的标准。同时，应用质量控制和检测技术，对出厂的产品进行严格的筛选和检测，确保每一件产品都具有高度的一致性和可靠性。产品质量的提升更好地满足了市场和消费者日益增长的需求，进而提升了企业的市场竞争力。最后，促进了产业升

---

① 习近平经济思想研究中心：《新质生产力的内涵特征和发展重点（深入学习贯彻习近平新时代中国特色社会主义思想）》，《人民日报》2024年3月1日。

级。新质生产力更是推动产业结构优化升级的重要驱动力。在技术创新和产业融合的推动下，实体经济正逐步实现从传统制造向高技术、高附加值产业的转变。这种转变不仅意味着产业结构的优化和升级，更意味着实体经济整体竞争力的显著提升。

第三节　彰显人民至上的价值优势

当今世界，要真正推动生产力的发展，必须发展新质生产力。而坚持发展新质生产力，必须坚持人民至上，发展为了人民、发展依靠人民、发展成果由人民共享，始终做到以人民为中心。

一、始终坚持人民至上

马克思主义生产力理论具有鲜明的人民性特征，始终将人民群众置于自己理论与实践中心。"人民立场是中国共产党的根本政治立场，是马克思主义政党区别于其他政党的显著标志。"[1]新质生产力理论的提出是立足于以人民为中心的根本立场，旨在解决中国共产党人团结带领广大人民群众在发展中遇到的一系列问题的生产力理论，是从人民根本利益出发，更好地维护人民根本利益的先进理论。

习近平总书记在庆祝中国共产党成立100周年大会上指出："江山就是人民、人民就是江山，打江山、守江山，守的是人民的

---

[1] 习近平：《在庆祝中国共产党成立95周年大会上的讲话》，《人民日报》2016年7月2日。

心。中国共产党根基在人民、血脉在人民、力量在人民。中国共产党始终代表最广大人民根本利益，与人民休戚与共、生死相依，没有任何自己特殊的利益，从来不代表任何利益集团、任何权势团体、任何特权阶层的利益。"①党的二十大报告中更是提出了"坚持人民至上"的世界观和方法论。满足人民群众的需要和根本利益是我们进行价值评价的基本标准。新时代，人民日益增长的美好生活需要和不平衡不充分的发展之间的矛盾要想解决，只能发展更为先进的生产力。"新质生产力代表先进生产力的演进方向，是由技术革命性突破、生产要素创新性配置、产业深度转型升级而催生的先进生产力质态。"②它更能直接以全新的方式解决人民群众急难愁盼的各类问题。新质生产力把握住了生产力在当代的最先发展方向，它将从总体上推动经济社会的发展，而发展中所遇到的问题只能通过继续发展来解决。中国共产党在治国理政的过程中科学研判社会主要矛盾的转化，始终将人民置于社会主义社会主要矛盾的关键方面。发展新质生产力的核心目的是满足人民日益增长的美好生活需要。不管生产力理念如何丰富，始终是在马克思主义生产力理论这个框架下推进提升的，始终是以维护人民群众的切身利益为出发点的，这是对人民至上理念最好的体现。

二、新质生产力是对人民至上的全面体现

劳动对象、劳动资料和劳动者是生产要素的核心内容。在这三

---

① 习近平：《在庆祝中国共产党成立100周年大会上的讲话》，《人民日报》2021年7月2日。
② 习近平经济思想研究中心：《新质生产力的内涵特征和发展重点（深入学习贯彻习近平新时代中国特色社会主义思想）》，《人民日报》2024年3月1日。

新质生产力：高质量发展的新引擎

个核心要素之中，人的因素是最活跃的部分。虽然劳动资料或生产资料中的生产工具是判断生产力发展水平的核心指标，但是劳动者显然才是推动生产力的直接因素。马克思曾经指出："蜜蜂建筑蜂房的本领使人间的许多建筑师感到惭愧。但是，最蹩脚的建筑师从一开始就比最灵巧的蜜蜂高明的地方，是他在用蜂蜡建筑蜂房以前，已经在自己的头脑中把它建成了。"[①] 只有劳动者可以将自身的主体性或主观能动性化为对人类生存发展有利的劳动，将劳动对象化为现实实体财富。新质生产力离不开人民发挥自身主体性，"更高素质的劳动者是新质生产力的第一要素。人是生产力中最活跃、最具决定意义的因素，新质生产力对劳动者的知识和技能提出更高要求。发展新质生产力，需要能够创造新质生产力的战略人才，他们引领世界科技前沿、创新创造新型生产工具，包括在颠覆性科学认识和技术创造方面作出重大突破的顶尖科技人才，在基础研究和关键核心技术领域作出突出贡献的一流科技领军人才和青年科技人才；需要能够熟练掌握新质生产资料的应用型人才，他们具备多维知识结构、熟练掌握新型生产工具，包括以卓越工程师为代表的工程技术人才和以大国工匠为代表的技术工人"[②]。

一方面，新质生产力有助于解放劳动者。新质生产力代表生产力的跃升，主要体现在数字化、智能化。数字化提升生产力，智能化增添发展动能。新质生产力推动了智能化和自动化的发展，使得许多传统行业得以转型升级，提高了生产效率和质量。劳动者在资

---

① 《马克思恩格斯文集》第 5 卷，人民出版社 2009 年版，第 208 页。
② 习近平经济思想研究中心：《新质生产力的内涵特征和发展重点（深入学习贯彻习近平新时代中国特色社会主义思想）》，《人民日报》2024 年 3 月 1 日。

本逻辑的生产主义和消费主义双重控制下，无法更好发挥生产过程中的自主性。而"新一代信息技术、先进制造技术、新材料技术等融合应用，孕育出一大批更智能、更高效、更低碳、更安全的新型生产工具，进一步解放了劳动者"[1]，这给予了劳动者发挥自身才能的更大空间。同时，在资本逻辑下，消费主义将人民的自我意识束缚在西方话语"政治正确"的框架之中，极易使人民忘记自己作为劳动者的创造性。而新质生产力有助于让人民回归劳动创造幸福的应有状态。我们所倡导的工匠精神、劳动者精神、教育家精神、企业家精神之所以能够得到普遍认同，就在于中国人民在社会主义制度之下深刻感受到创造和创新所带来的幸福感与成就感。

另一方面，发展新质生产力更有利于满足人民群众的需要。一是满足人民群众数字化、智能化日常生活的需要。例如，智能制造、智慧农业、智能家居等领域的快速发展，使人民群众的生活更加便捷、舒适和高效。新质生产力也催生了新业态和新经济，促进了数字化和信息化的发展，加强了人与人之间的沟通和联系。例如，社交媒体、在线办公、在线教育、远程医疗、数字零售等领域的普及，使得人们可以更加便捷地获取信息、交流思想和解决问题，同时也使得人们的生活更加多元化和个性化。二是满足人民群众绿色低碳生活的需要。新质生产力本身就是绿色生产力。发展新质生产力以绿色发展为底色，将高质量发展贯穿于新型工业化全过程，改革传统粗放式经济增长发展模式，通过先进的技术改造和设备升级，实现生产过程清洁化、资源利用循环化、能源消费低碳

---

[1] 习近平经济思想研究中心：《新质生产力的内涵特征和发展重点（深入学习贯彻习近平新时代中国特色社会主义思想）》，《人民日报》2024年3月1日。

化、产品供给绿色化、产业结构高端化，持续提升工业绿色全要素生产率，有助于协同实现生产力发展与自然环境的保护，真正走向人与自然和谐共生，更好满足人民群众对绿色低碳生活的需要。

第四节　塑造百年变局下的科技文明创新

党的二十大报告指出："当前，世界百年未有之大变局加速演进，新一轮科技革命和产业变革深入发展，国际力量对比深刻调整，我国发展面临新的战略机遇。"科技革命和产业变革所带来的生产力跃迁，正在全球范围内掀起一场前所未有的巨变。这场变革以惊人的速度和广度重塑世界格局，推动着百年未有之大变局加速演进。

一、生产力跃迁催动百年变局

生产力的发展状况是衡量社会发展的根本标准尺度，也是推动社会发展进步的本原和长远的力量。生产力的发展不仅是社会物质文明的基本内容，也是制约政治文明、精神文明和生态文明发展的基本物质条件，同时也推动了世界历史的发展。

一方面，生产力的飞跃式发展使得我国在国际竞争中占据优势地位。我国坚持以创新驱动为核心，大力发展高新技术产业和战略性新兴产业，推动经济持续快速增长，使我国不仅在全球政治经济格局中发挥着积极作用，也引领全球科技和产业的发展方向。进一

第六章 国际视野：新质生产力有何意义？

步说明了科技创新是推动国家发展的重要力量。同时，生产力的飞跃式发展也给我国带来了深刻的社会变革。随着我国综合实力和国际影响力的提升，人民的生活水平和福祉也得到相应的提高。我国人民在享受科技革命和产业变革带来的便利和福利的同时，也会拥有更多的发展机会和选择空间。这种生产力所带来的社会变革不仅提升了人民的幸福感和获得感，也为国家的长治久安和繁荣发展奠定了坚实基础。

另一方面，传统产业变革和新兴产业的崛起也重塑着国际经济结构。随着科技革命和产业变革的深入推进，传统产业正在经历深刻的转型升级。数字化、智能化、绿色化成为传统产业发展的新方向和新动力。以互联网、人工智能、生物科技、新能源等为代表的新兴产业正在快速崛起，成为推动全球经济发展的新引擎。这些新兴产业在催生新的经济增长点的同时，也改变着人们的生产生活方式和思维模式。最为重要的是，传统产业变革和新兴产业的崛起也对国际经济结构产生着全方位的影响。传统产业变革和新兴产业的崛起打破了原有的产业格局和利益分配体系，推动了全球产业链、供应链的重新布局和优化配置。在这个变化中，一些传统产业面临着挑战和转型双重压力，而一些新兴产业则有望通过抓住新兴产业发展的机遇实现跨越式发展。当然，我们更应看到，传统产业变革和新业产兴崛起的背后是全球治理体系的变革。随着新兴大国的崛起和国际经济结构的重塑，原有的全球治理体系已经难以适应新的形势和需求。必须推动全球治理体系的变革和完善，以更好地应对全球性挑战和问题。这种全球治理体系的变革不仅需要大国的参与和引领，也需要各国的共同努力和合作。

新质生产力：高质量发展的新引擎

总之，由科技革命和产业变革带动的生产力跃迁正在深刻改变世界。新兴大国的崛起和国际经济结构的重塑是这一变革的两个重要方面。百年未有之大变局大背景下，国际社会需要加强合作与交流，共同推动科技革命和产业变革朝着更加普惠、包容、可持续的方向发展，共同构建人类命运共同体。我国更需要深刻认识其内涵和影响，积极应对挑战并抓住机遇，不断发展新质生产力，引领全球经济社会变化，为构建人类命运共同体贡献自身力量。

二、发展新质生产力，提升国际竞争优势

当前，世界之变、时代之变、历史之变正以前所未有的方式展开。面对波谲云诡的国际形势、复杂敏感的周边环境、艰巨繁重的改革发展稳定任务，我们要准确认识世界发展大势，科学把握中国发展新的历史方位。科学把握中国发展新的历史方位，就要准确认识发展新质生产力在未来我国经济发展中的作用和地位，准确认识新质生产力对世界经济格局与政治格局的影响。

首先，发展新质生产力必须加强国际交流与合作。持续推进高水平对外开放能够更好利用国内国际两个市场、两种资源，引导全球优质资本布局中国市场，吸引全球创新成果在中国落地生根。2024年一季度，我国实际使用外资金额环比增长41.7%，其中高技术制造业引资达377.6亿元，占全国引资比重较上年同期提高了2.2个百分点。

世界也在共享中国高质量发展带来的机遇和红利。一方面，通过更高水平的对外开放，外资企业能够利用我国完备的产业配套体系、丰富的人才资源和快速增强的创新活力，共享我国高科技发展

前景和潜力巨大的超级市场。另一方面，我国也为世界提供了优质产品、技术和资本。2024年一季度，我国对外非金融类直接投资2429.2亿元，同比增长12.5%；锂电池、光伏产品和电动载人汽车"新三样"更是受到国际市场广泛欢迎，不仅丰富了全球供给，缓解了全球通胀压力，也有力推动了全球绿色转型。中国正在加快发展新质生产力，法国也在推进基于绿色创新的"再工业化"，双方决定拓展绿色能源、智能制造、生物医药等多个新兴领域合作；"因地制宜共同发展新质生产力"写入了中国和塞尔维亚的联合声明，中塞将开展人工智能、空间科技、数字经济合作；中匈将共建联合实验室、推动绿色发展领域投资合作……一系列的访问成果文件清单，成为中欧关系换挡提速的澎湃动力，也将为全球治理提供更多引领和支持。

其次，综合实力决定国际竞争成败。当今世界，国家间的较量已不再是单一的军事或经济对抗，而是综合国力的全面比拼，涵盖了硬实力和软实力两大方面。"弱国无外交"实质上揭示了弱国在国际舞台上缺乏独立发声和行动的能力。尽管我们倡导和平共处五项原则，但在现实的国际政治中，霸权主义和强权政治依然存在，一些国家试图通过干涉他国内政、拉帮结派来维护自身利益，这种做法严重破坏了国际秩序的公正与稳定。特别是当某些综合国力强大的国家滥用其力量，将国际关系推向"丛林法则"时，全球和平与发展就会面临严重威胁。这种局面的根源在于国家间实力的不均衡。一些国家利用其军事优势建立了不公平的金融霸权体系，将经济危机的成本转嫁给全球民众。同时，通过文化软实力输出其政治制度和价值观，试图影响甚至控制他国。在这样的国际环境下，提

新质生产力：高质量发展的新引擎

升自身实力成为每个国家避免被边缘化的关键。我们坚决反对任何形式的霸权主义和强权政治，但同样清楚，要改变现状、赢得竞争，必须建立在强大的综合国力基础之上。

以西方为中心的旧秩序的形成以殖民扩张和科技革命为标志，资本主义逐渐确立了其在全球的主导地位。这种秩序下产生的西方标准、西方话语、西方体系治着全球的经济社会政治生活，左右着人们的生产方式、生活方式和交往方式。然而，随着新兴大国的崛起和西方国家实力的衰退，国际格局正在发生深刻变化。

特别是中国的快速发展，使其成为促进全球和平与发展的重要力量。这种变化体现了国家实力与国际竞争、国际格局之间的紧密关系。面对国际竞争的新形势和新挑战，我们必须更加专注于自身发展，特别是经济发展，以坚持发展为核心战略。

最后，国际竞争关乎人类整体发展。当前世界正经历前所未有的变革和挑战。一方面，和平赤字、发展赤字、安全赤字、治理赤字仍然突出，大国协调失序，集团对抗回归，全球军备竞赛、核扩散威胁上升，恐怖主义、气候变化等非传统安全挑战日益增加，全球安全体系的碎片化、空心化问题进一步突出，世界正进入新的动荡变革期。另一方面，新兴国家和发展中国家的群体性崛起正在重塑国际格局，国际力量结构正经历着前所未有的转型与变化。和平、发展、合作、共赢的历史潮流不可阻挡，人心所向、大势所趋决定了人类前途终归光明。然而，在旧有国际秩序下，不当的国际竞争往往加剧了全球性问题的危害程度，损害了世界人民的发展权益。因此，我们需要代表正义与未来的力量来主导国际竞争的方向和规则。中华民族自古以来就有着天下情怀和担当精神，在伟大复兴的进程中，我们更应该为人类正义事业贡献中国智慧和力量。力量源于担当，力量来自实力。中国要想在国际竞争中发挥积极作用，就必须不断发展先进生产力，提升自身的综合实力与国际竞争力。因而，在这种情况下，发展新质生产力就成为提升自身实力的关键所在。

三、新质生产力引领产业文明的发展方向

要深刻认识新质生产力的影响，必须把新质生产力放到生产力与文明发展的范畴内来观察，因为生产力的质的跃升会推动人类文明的发展步伐，进而影响世界格局的进程。

首先，生产力不断发展是文明前进的动力。马克思、恩格斯早就认识到，生产力发展在文明演进中有不可忽视的作用。马克思、恩格斯将文明视为"实践的事情""社会的素质"，指出"文明的一切进步，或者换句话说，社会生产力的一切增长，也可以说劳动本身的生产力的一切增长，如科学、发明、劳动的分工和结合、交通工具的改善、世界市场的开辟、机器等等所产生的结果"[1]。此外，马克思在写给安年科夫的信中，将生产力比作是"文明的果实"。马克思在《哲学的贫困》中再次重申："由于最重要的是不使文明的果实——已经获得的生产力被剥夺，所以必须粉碎生产力在其中产生的那些传统形式。"[2] 同时，马克思、恩格斯着力强调科学技术是生产力，指出"生产力中也包括科学"[3]，"大工业则把科学作为一

---

[1] 《马克思恩格斯全集》第30卷，人民出版社1995年版，第267页。
[2] 《马克思恩格斯文集》第1卷，人民出版社2009年版，第613—614页。
[3] 《马克思恩格斯文集》第8卷，人民出版社2009年版，第188页。

新质生产力：高质量发展的新引擎

种独立的生产能力与劳动分离开来"①，认为科学技术在促进生产力发展的同时，推动现代文明的演进。文明的稳定与演进离不开以科技为代表的生产力的持续发展与迭代进化，只有不断破除生产力发展的桎梏，才能不断开辟和创造人类文明新形态。

众所周知，资本主义主导世界格局的历史并非一瞬间完成，而是经历了不同时期的演变历程。在商业资本主义和手工业资本主义时期，资本主义并未真正撼动原有的国际格局，其根本原因就是，资本主义在当时并未具有相较于封建大帝国的生产力优势，两者的综合实力对比并未发生根本性变革。真正使资本主义拥有远超封建大帝国绝对实力的正是科技革命背后的新的生产力。当资本主义进入大工业时代，工业资本主义依靠新的生产力取得了鹤立鸡群的力量优势。工业资本主义依靠工业化带来的绝对实力，不仅将矛头直指东方，连原有国际体系和国际格局的得利者都不放过。西班牙、葡萄牙、荷兰的殖民地相继被英、法等国夺得。英、法所主导的全球性世界体系就此诞生。

列宁曾经深刻指出，资本主义内部发展不平衡。那些掌握了新的生产力的资本主义国家所取得的国际格局下的优势并非一成不变。相较于封建生产力的新的生产力在新一轮的科技革命之下也可能转变为旧的落后生产力。但是在西方工业化的过程中，以美国和德国为代表的后进资本主义国家掌握了新的生产力，开始挑战英、法所主导的世界格局。而在这一过程中，社会主义国家同样开始掌握新的生产力，一跃成为可以同资本主义国家分庭抗礼的新兴国际

---

① 《马克思恩格斯文集》第 5 卷，人民出版社 2009 年版，第 418 页。

第六章 国际视野：新质生产力有何意义？

进步力量。而有些新兴社会主义国家虽然重视新的生产力的重要作用，却没有将科技创新转化为新的生产力的内涵式发展，最终导致了社会主义整体发展的低谷，更不会实现对资本主义所主导的世界格局的根本转变。

当今世界处于新科技革命的关键时期，信息技术、智能制造技术、生物技术、人工智能、新能源、新医药等正在重新塑造人类经济发展模式，并且向下整合和兼容原有发展样态。只有以新科技革命为基础，顺应历史趋势，才能不断增强发展优势，积蓄综合力量。在这一过程之中，中国如果失去了发展先进生产力的良机，中华民族伟大复兴就会遇到挫折。而如果中国抢占了发展先机，真正推动先进生产力的发展，则会在经济领域整合世界经济样态，在政治领域凸显自身制度优势，在军事领域获得领先技术，在文化领域彰显文化生命力与韧性。这无疑会使百年未有之大变局具有更深层次的人类文明发展内涵。

其次，新质生产力是撬动文明新形态的杠杆。从人类文明演进的历史形态来看，生产力水平及其独特的生产工具标识是各文明形态划分的重要标识。从石器、青铜器、蒸汽、电气再到如今的数字技术，生产工具的变化与科学技术的突破推动着生产力开辟新的时代，促使农业文明、工业文明等文明形态的演进。当前，伴随新一轮科技革命和产业变革的来临，关键生产要素也从自然资源、劳动力逐步转向数据、信息、算力等新兴生产要素，人类文明新形态的发展呼唤与新的历史阶段相适应的先进生产力的形成。

加快形成和发展新质生产力，是创造和发展人类文明新形态的重要基础。以人工智能技术为代表的新工业革命，正悄然孕育着人

新质生产力：高质量发展的新引擎

类文明新形态变革的时代契机，随着以5G、AI、大数据等为代表的新技术与知识、算力、数据为代表的新要素的广泛应用，我国在新一轮技术变革中要实现从"跟跑""并跑"到"领跑"，重点在于以关键性颠覆性技术创新推动生产力的高质量发展，进而重塑国家竞争优势、推动产业转型升级。而新质生产力正是在驱动能力、支撑载体、发展方式、生产力要素等方面区别于传统生产力的先进生产力，是由技术革命性突破、生产要素创新性配置、产业深度转型升级而催生的。加快形成和不断发挥创新的主导作用，实现关键性颠覆性技术创新，可以为我国在新的历史阶段把握发展机遇，迅速提高我国的国际竞争力、影响力和综合实力，为实现中国式现代化打下坚实的物质基础。随着新质生产力的不断发展，中国式现代化必将引领世界发展的现代化最新潮流，在筑牢中华文明文化根基、坚定社会主义文明演进方向的同时，不断丰富和发展人类文明新形态。

再次，新质生产力为创造人类文明新形态提供强大的内生动力。马克思在肯定资本"伟大的文明作用"的同时，揭示了这种"伟大的文明作用"有其发挥的历史限度。资本逻辑主导的生产方式不再适应先进生产力的发展需要，难以为人类文明提供进一步发展的内生动力。新质生产力以原创性、关键性、颠覆性技术为突破口，将带来多方面的创新。这些创新不仅体现在新技术、新产品、新服务、新业态上，而且会突破物质文明的维度，推动制度文明、精神文明等全方面的创新，为创造人类文明新形态提供强大的内生动力。

当前我国已从高速增长阶段转向高质量发展阶段，因此，把握新一轮科技革命和产业变革的历史机遇，摈弃西方经济增长理念，发挥新质生产力这一先进生产力对高质量发展的强劲推动力、支撑力，是加快文明形态变革的关键。

最后，加快形成和发展新质生产力是超越工业文明的重要法宝。资本主义现代化引领的新的工业文明使旧的文明无可招架，迫使其进行文明转换。西方工业文明曾是世界上最高级的文明，不断冲击着全世界范围内较低级的传统文明。必须承认，工业文明在扬弃传统文明的进程中，在人类社会转型的历史进程中起到过革命性和进步性的重要作用。但正如工业文明的兴起得益于生产力的发展一样，工业文明的衰落也源于生产力难以进一步发展。工业革命实现了人从被自然主宰到改造自然的革命性转变，但由于工业文明将人对自然的支配与改造活动变为服务于资本增殖的活动，进而导致人与自然之间不合理的物质变换，引发日益严重的生态危机。同时，科技的进步和生产力的提高，造成资本有机构成提高，劳动与劳动资料的矛盾以极其尖锐的形式呈现出来：工人生产的越多，他能够消费的越少；工人创造价值越多，自己越没有价值；工人的产品越完美，工人自己越畸形；工人创造的对象越文明，工人自己越野蛮。

当前，面对新一轮科技革命和产业变革的浪潮，抓住创新驱动发展的重大机遇，提前谋划关键性、颠覆性技术，布局战略性新兴产业和未来产业，是在国际竞争中赢得主动权、抢占发展制高点、培育文明竞争新优势的关键。正如习近平总书记强调的："在激烈的国际竞争中，我们要开辟发展新领域新赛道、塑造发展新动能新优势，从根本上说，还是要依靠科技创新。"[1]不同于资本逻辑下生产力发展的动力是对剩余价值的无限追求，结果是人与自然关系的恶化、人的片面发展以及产能过剩、产业空心化等产业结构问题，新质生产力赋予现代化新动能与新路径，从而避免工业文明的诸多问题和弊端。[2]

---

[1] 《习近平在参加江苏代表团审议时强调 牢牢把握高质量发展这个首要任务》，《人民日报》2023年3月6日。
[2] 周文：《新质生产力：开创人类文明新形态》，《宁波日报》2024年4月23日。

后　记

　　习近平总书记指出："高质量发展需要新的生产力理论来指导，而新质生产力已经在实践中形成并展示出对高质量发展的强劲推动力、支撑力，需要我们从理论上进行总结、概括，用以指导新的发展实践。"[1]这指出了发展新质生产力的必要性与必然性。同时，习近平总书记进一步指出了新质生产力的特征、基本内涵、核心标志、特点、关键、本质等基本理论问题，强调"新质生产力是创新起主导作用，摆脱传统经济增长方式、生产力发展路径，具有高科技、高效能、高质量特征，符合新发展理念的先进生产力质态。它由技术革命性突破、生产要素创新性配置、产业深度转型升级而催生，以劳动者、劳动资料、劳动对象及其优化组合的跃升为基本内涵，以全要素生产率大幅提升为核心标志，特点是创新，关键在质优，本质是先进生产力"[2]。在此基础上，习近平总书记特别强调，"发展新质生产力不是忽视、放弃传统产业，要防止一哄而上、泡沫化，也不要搞一种模式。各地要坚持从实际出发，先立后破、因

---

[1] 《习近平在中共中央政治局第十一次集体学习时强调　加快发展新质生产力　扎实推进高质量发展》，《人民日报》2024年2月2日。
[2] 《习近平在中共中央政治局第十一次集体学习时强调　加快发展新质生产力　扎实推进高质量发展》，《人民日报》2024年2月2日。

新质生产力：高质量发展的新引擎

地制宜、分类指导"[①]等。可以说，实现中华民族伟大复兴、推进中国式现代化的一个突破口就在于发展新质生产力。发展新质生产力可以提升我国发展质量，改善生产关系，从而更好地推进中国式现代化。

本书从新质生产力是什么、为何提出新质生产力、新质生产力源自哪里、新质生产力新在何处、新质生产力路在何方、新质生产力有何意义六个方面进行了详细的论述，并试图将这六个问题在中国式现代化的范畴内讲清楚。

本书是分工合作的成果，本书的总体框架由中国社会科学院哲学研究所王立胜研究员设定，第一章、第二章由西北工业大学马克思主义学院宁殿霞副教授撰写，第三章、第四章由上海应用技术大学马克思主义学院申唯正副教授撰写，第五章由山东大学经济学院朱鹏华副教授撰写，第六章由北京航空航天大学马克思主义学院田英讲师撰写。我在初稿的基础上进行了统稿、定稿，反复与出版社的同志沟通章节设定问题及写作中的细节，并完成了本书的绪论、后记。中国社会科学院哲学研究所马彦涛副研究员在本书出版的过程中做了大量的沟通协调工作。

我们真诚地希望这部著作能够帮助广大读者包括党政领导干部及青年学者对新质生产力的基本理论问题有一个初步的认识，也希望广大党政领导干部及青年学者都在新质生产力理论的指导下，沿着新质生产力的发展方向，遵循生产力发展规律，在干事创业的过程中再创新业、再立新功。当然，我们的研究只是初步的、肤浅的，鉴于时间仓促和水平有限，本书难免有不足之处，恳请广大读

[①] 《习近平在参加江苏代表团审议时强调 因地制宜发展新质生产力》，《人民日报》2024年3月6日。

后　记

者给予真诚的批评与指正。

　　同时，在写作过程中，我们也吸收了许多专家学者关于新质生产力的研究成果，在此一并表示感谢。出版社的同志对本书的编辑、设计、出版付出了大量心血，在此也一并感谢。

王立胜于北京寓所

2024 年 4 月